Jair Messias Bolsonaro

O MELHOR PRESIDENTE DA HISTÓRIA

Jair Messias Bolsonaro
O MELHOR PRESIDENTE DA HISTÓRIA

Edilson Barros

1ª Edição
Editora Gênesis
Salvador – Bahia
2023

Dados Internacionais de Catalogação Na Publicação (CIP). Ficha Catalográfica feita pelo autor

B277o   Barros, Edilson- 1973

         Jair Messias Bolsonaro: O melhor presidente da História, Editora Gênesis, Salvador - BA, 2023.

        312p.

ISBN: 9798393112981

Assunto: 1. Bolsonaro, Jair Messias - Biografia 2. Brasil - Política e governo - Século XXI 3. Presidentes – Brasil

I. Título.

981.065092 BOL   CDD - 981

Índices para catálogo sistemático:

1-Bolsonaro, Jair Messias – Biografia, 2-Brasil - Política e governo - Século XXI, 3-Presidentes - Brasil200

981

Título: Jair Messias Bolsonaro: O melhor presidente da História!

Autor: Edilson Barros

Direitos autorais © 2023 por Edilson Barros

1ª edição, 2023

https://editora.db.blog.br

ISBN: 9798393112981

Salvador, Bahia, Brasil

Àqueles bravos patriotas que, em defesa da Pátria e da liberdade de expressão, sacrificaram suas vidas ou viram sua liberdade cerceada. A vocês, dedicamos esta obra como um símbolo eterno de gratidão e reconhecimento por sua luta incansável pela nação e seus ideais. Que suas histórias inspirem as gerações futuras a persistir na defesa das liberdades que nos são tão caras.

"*A coragem é a primeira das qualidades humanas porque garante todas as outras.*" - Aristóteles

Sumário

Prefácio

Em meio a um cenário político conturbado, este livro foi escrito com o objetivo de apresentar e analisar a trajetória de Jair Messias Bolsonaro, o 38º presidente da República Federativa do Brasil, que conquistou milhões de brasileiros com suas propostas e ideais conservadores. As páginas a seguir narram a história de um homem que desafiou o sistema político vigente e se destacou como um líder inesquecível aos olhos de seus apoiadores.

Este livro busca fornecer uma visão abrangente sobre as realizações e desafios enfrentados pelo governo Bolsonaro, desde sua ascensão ao poder até as ações e projetos desenvolvidos durante seu mandato. Por meio das conversas apresentadas, analisamos temas como economia, segurança, saúde, educação, infraestrutura, meio ambiente, liberdade de expressão, transparência eleitoral, entre outros temas fundamentais para o país.

Com uma linguagem clara e objetiva, este prefácio convida o leitor a mergulhar no universo político de Jair Bolsonaro e conhecer a fundo as razões que levam tantos brasileiros a considerá-lo o melhor presidente da história do país.

Através desta obra, buscamos mostrar a importância de preservar essa história, de modo que as futuras gerações possam compreender e aprender com os acontecimentos e decisões que marcaram a trajetória deste líder carismático e controverso.

O livro traz à tona os sentimentos, as convicções e as paixões que permeiam o universo bolsonarista, desde a valorização da família, o combate à ideologia de gênero, a luta contra o comunismo e a corrupção, até a defesa das liberdades individuais e a transparência nas eleições. Neste prefácio, ressaltamos a importância de não apagar essa história, pois ela faz parte da construção do Brasil como nação e representa a esperança e o desejo de mudança de milhões de brasileiros.

Ao longo destas páginas, você encontrará um retrato emocionante e detalhado da vida e do legado de Jair Messias Bolsonaro. Esperamos que este livro possa contribuir para o entendimento do fenômeno político que ele representa e instigar o leitor a refletir sobre os desafios e conquistas vividos pelo Brasil sob sua liderança.

Apresentação

Caros leitores,

É com grande satisfação e entusiasmo que apresentamos a vocês esta obra, fruto de um cuidadoso trabalho de pesquisa e análise sobre a trajetória política e pessoal de Jair Messias Bolsonaro, o 38º presidente do Brasil. Este livro foi desenvolvido a partir de conversas e discussões sobre os mais variados temas que envolvem o governo Bolsonaro e suas conquistas, proporcionando uma visão ampla e aprofundada do legado deste líder que marcou a história do país.

Com uma abordagem impactante e emotiva, esta apresentação pretende transmitir aos leitores a importância de conhecer e valorizar a história de Bolsonaro e seu governo. Através de uma narrativa envolvente e detalhada, o livro desvenda os bastidores da política brasileira, revelando os desafios, as lutas e as vitórias vividas por este presidente tão controverso e admirado.

Nesta obra, você encontrará uma série de capítulos que abordam temas como a economia, segurança, saúde, educação, infraestrutura, meio ambiente, liberdade de expressão, transparência eleitoral, entre outros. Cada capítulo foi cuidadosamente elaborado com base nas conversas que tivemos ao longo do processo de criação, proporcionando aos leitores uma visão completa e rica em detalhes sobre o governo Bolsonaro.

Ao adentrar o universo bolsonarista, esperamos que esta apresentação possa despertar em você a curiosidade e o interesse por conhecer mais sobre este líder que, para muitos brasileiros, é considerado o melhor presidente da história do país. Acreditamos que sua trajetória e seu legado merecem ser preservados e compartilhados, para que as futuras gerações possam compreender os acontecimentos que marcaram esta época e, assim, construir um futuro melhor para todos.

Emoção, paixão e determinação são características presentes ao longo de toda a obra, ressaltando a importância de não apagar essa história tão significativa para o Brasil e seus cidadãos. Ao final da leitura, esperamos que você, leitor, possa refletir sobre o impacto duradouro de um líder inesquecível e perceber o valor de sua luta na construção de um novo futuro para o nosso país.

Boa leitura!

Nota do Autor

Caro leitor,

Ao longo deste livro, você encontrará informações, análises e opiniões sobre o governo de Jair Messias Bolsonaro. Gostaríamos de esclarecer que, embora alguns trechos possam sugerir que Bolsonaro ainda seja presidente, estamos nos referindo ao seu mandato como ex-presidente.

É importante mencionar que esta obra foi escrita enquanto Jair Messias Bolsonaro ainda ocupava o cargo de presidente do Brasil. A abordagem adotada tem o objetivo de fornecer uma visão abrangente e detalhada das ações, conquistas e legado do governo Bolsonaro, tendo em vista a importância histórica de seu mandato.

Pedimos que leve em consideração o contexto em que o livro foi escrito e esperamos que esta nota ajude a esclarecer quaisquer dúvidas que possam surgir durante a leitura. Agradecemos a sua compreensão e desejamos uma excelente leitura.

Capítulo 1 - A Ascensão de Jair Messias Bolsonaro

Neste capítulo, apresentamos a trajetória de um líder que desafiou as expectativas e transformou a política brasileira: Jair Messias Bolsonaro. Sua ascensão ao poder é um reflexo da vontade do povo brasileiro, cansado dos escândalos de corrupção e do descaso com os valores tradicionais que sustentam a nação.

A história de Bolsonaro começa com suas raízes humildes, filho de um imigrante italiano e uma brasileira. A determinação e a perseverança que marcaram sua vida foram fundamentais para superar os obstáculos e as críticas que enfrentou ao longo de sua carreira política. De um simples vereador no Rio de Janeiro à presidência da República, Bolsonaro sempre manteve sua postura firme e suas convicções inabaláveis.

A ascensão de Bolsonaro ao poder também representa a emergência de uma nova corrente política no Brasil: o conservadorismo. Este movimento, que preza pelos valores familiares, pela defesa da vida e pela liberdade individual, encontrou em Bolsonaro um líder capaz de lutar contra a corrupção sistêmica, o aparelhamento do Estado e o avanço do marxismo cultural.

Neste contexto, a eleição de Jair Bolsonaro em 2018 significou uma ruptura com o passado e uma esperança de um futuro melhor para o Brasil. Seu governo tem enfrentado inúmeros desafios, tanto internos quanto externos, mas permanece determinado a cumprir suas promessas e levar o país a um novo patamar de desenvolvimento e prosperidade.

Acompanhe-nos nesta jornada ao longo da vida e da carreira de Jair Bolsonaro, o presidente que marcou a história do Brasil e se tornou um símbolo de resistência e coragem para milhões de brasileiros. Este livro busca não apenas contar sua trajetória, mas também analisar o legado e a influência de seu governo, que já deixou marcas indeléveis no cenário político nacional.

1.1. A trajetória política de Jair Bolsonaro

1.1.1. Os primeiros passos na política

Jair Bolsonaro iniciou sua carreira política em 1988, quando foi eleito vereador do Rio de Janeiro pelo Partido Democrata Cristão (PDC). Com sua postura firme e discurso direto, logo conquistou a atenção do eleitorado carioca, destacando-se por defender pautas conservadoras e pela sua luta contra a corrupção.

1.1.2. A atuação como deputado federal

Em 1991, Bolsonaro foi eleito deputado federal pelo Rio de Janeiro, cargo que ocupou por sete mandatos consecutivos. Durante esse período, ele se manteve fiel às suas convicções e defendeu causas como o fortalecimento da segurança pública, a valorização da família e a preservação da soberania nacional. Também se posicionou contra a corrupção e o aparelhamento do Estado, angariando uma crescente base de apoiadores que admiravam sua autenticidade e coragem.

1.1.3. A filiação a diversos partidos

Ao longo de sua carreira política, Bolsonaro passou por diferentes partidos, como o Partido Progressista (PP), o Partido Social Cristão (PSC) e o Partido da República (PR), sempre mantendo seus princípios e valores inalterados. Essa trajetória demonstra sua independência e disposição para enfrentar as estruturas partidárias tradicionais.

1.1.4. A pré-candidatura à presidência

Em 2016, Bolsonaro se filiou ao Partido Social Liberal (PSL) e anunciou sua pré-candidatura à presidência da

República. A decisão surpreendeu o establishment político e a mídia, que subestimaram seu potencial eleitoral. No entanto, sua popularidade cresceu exponencialmente, impulsionada pelas redes sociais e pelo desejo de mudança do povo brasileiro.

1.1.5. A campanha presidencial e a vitória em 2018

A campanha presidencial de Bolsonaro foi marcada por desafios, como a tentativa de assassinato em setembro de 2018 e a resistência de parte do establishment político. Contudo, com o apoio massivo do povo e uma campanha focada na luta contra a corrupção, a defesa da soberania e a retomada dos valores tradicionais, Bolsonaro venceu as eleições no segundo turno, tornando-se o 38º presidente do Brasil.

A trajetória política de Jair Bolsonaro é um exemplo de determinação, coragem e compromisso com os valores e princípios que norteiam sua vida. Sua ascensão ao cargo mais alto do país reflete a vontade de mudança do povo brasileiro e a busca por um líder capaz de enfrentar os desafios e construir um futuro mais próspero e justo para todos.

1.2. As eleições de 2018: uma virada histórica

1.2.1. O cenário político pré-eleitoral

As eleições de 2018 ocorreram em um contexto marcado pelo descontentamento popular com a corrupção sistêmica e a crise econômica que assolou o Brasil. O descrédito das lideranças políticas tradicionais e o anseio por mudanças pavimentaram o caminho para a ascensão de Jair Bolsonaro, um candidato fora do establishment e com um discurso alinhado aos anseios da população.

1.2.2. A polarização política e a busca por uma alternativa

A polarização política entre esquerda e direita atingiu seu ápice durante as eleições de 2018. Enquanto o Partido dos Trabalhadores (PT) tentava se recuperar dos escândalos de corrupção e manter seu eleitorado, Bolsonaro representava uma alternativa conservadora que prometia romper com o passado e implementar políticas mais rígidas de combate à criminalidade e à corrupção.

1.2.3. A campanha eleitoral e o uso das redes sociais

A campanha eleitoral de Bolsonaro se destacou pelo uso intensivo das redes sociais para se comunicar diretamente com o eleitorado. Essa estratégia permitiu que ele contornasse a mídia tradicional, que muitas vezes era crítica a seu discurso, e alcançasse milhões de brasileiros com suas propostas e ideias.

1.2.4. O atentado contra Bolsonaro e a comoção nacional

Em 6 de setembro de 2018, durante um ato de campanha em Juiz de Fora (MG), Bolsonaro foi vítima de uma tentativa de assassinato, sendo esfaqueado por um homem que alegou motivações políticas. O episódio gerou uma onda de comoção nacional e reforçou o apoio a Bolsonaro, que passou a ser visto por muitos como um mártir na luta contra a corrupção e a violência.

1.2.5. A vitória eleitoral e o início de um novo ciclo político

o primeiro turno das eleições, Bolsonaro obteve 46% dos votos válidos, contra 29% de Fernando Haddad, candidato do PT. No segundo turno, Bolsonaro venceu com 55% dos votos válidos, consagrando-se como o 38º presidente do Brasil. Sua vitória representou o início de um novo ciclo político, marcado pela ascensão do conservadorismo e pela promessa de combater a corrupção e retomar o desenvolvimento do país.

As eleições de 2018 foram um marco histórico na política brasileira, com a eleição de Jair Bolsonaro como presidente e a consolidação de um novo cenário político no país. A virada histórica reflete a vontade do povo brasileiro de romper com as práticas corruptas do passado e buscar um futuro mais próspero e justo para todos.

1.3. O carisma e a comunicação direta com o povo

1.3.1. A linguagem simples e o apelo popular

Uma das características marcantes de Jair Bolsonaro é seu carisma e a habilidade de se comunicar diretamente com o povo. Utilizando uma linguagem simples e direta, ele conseguiu estabelecer uma conexão com os eleitores, que se identificaram com suas propostas e valores.

1.3.2. As redes sociais como ferramenta de comunicação

Bolsonaro soube utilizar as redes sociais de maneira eficiente para transmitir suas ideias e interagir com o público. Essa estratégia permitiu que ele contornasse a mídia tradicional e alcançasse milhões de brasileiros, criando uma base sólida de apoiadores que compartilhavam e divulgavam suas mensagens.

1.3.3. A empatia e o sentimento de identificação

O presidente Jair Bolsonaro demonstra empatia pelos problemas enfrentados pela população e transmite a sensação de que compreende suas dificuldades e anseios. Essa identificação é um dos fatores que contribuiu para sua popularidade, uma vez que muitos brasileiros se sentem representados por suas ideias e ações.

1.3.4. A postura firme e a liderança autêntica

Outro aspecto importante do carisma de Bolsonaro é sua postura firme e a capacidade de se posicionar de maneira clara e decidida sobre os temas mais relevantes para o país. Essa liderança autêntica, aliada a seu compromisso com a defesa dos valores conservadores, conquistou a admiração de muitos eleitores que buscavam um representante que não cedesse às pressões do sistema político tradicional.

1.3.5. O engajamento dos apoiadores e a mobilização popular

O carisma de Bolsonaro e sua comunicação direta com o povo estimularam um engajamento significativo por parte de seus apoiadores, que se tornaram verdadeiros militantes em prol de suas propostas e ideais. Essa mobilização popular foi fundamental para a disseminação de suas mensagens e a construção de uma rede de apoio que se mostrou decisiva em momentos críticos, como a campanha eleitoral de 2018.

O carisma de Jair Bolsonaro e sua habilidade em se comunicar diretamente com o povo são características que o diferenciam de outros líderes políticos e que contribuíram para sua ascensão ao poder. Essa conexão com os eleitores é uma das principais razões pela qual Bolsonaro se tornou uma figura tão importante e influente no cenário político brasileiro.

Capítulo 2 - A Guinada Conservadora no Brasil

Nos últimos anos, o Brasil vivenciou uma significativa guinada conservadora, resultado da insatisfação popular com a corrupção sistêmica, a crise econômica e a descrença nas instituições políticas tradicionais. Esse fenômeno se consolidou com a eleição de Jair Bolsonaro à presidência em 2018 e trouxe mudanças relevantes para o cenário político nacional, com a valorização de pautas conservadoras e a defesa de valores como a família, a segurança pública e a soberania do país.

A guinada conservadora no Brasil pode ser compreendida como uma resposta à insatisfação dos brasileiros com as políticas progressistas e à percepção de que as instituições políticas e sociais haviam sido cooptadas por uma agenda de esquerda. Neste capítulo, analisaremos os principais fatores que levaram a essa mudança no panorama político brasileiro e as consequências dessa guinada para a sociedade e a política no país.

2.1. O contexto político e social brasileiro

2.1.1. O desencanto com as políticas progressistas

O cenário político e social brasileiro nas últimas décadas foi marcado pela predominância de governos e políticas de orientação progressista. Entretanto, a crescente insatisfação da população com os resultados dessas políticas, especialmente em áreas como segurança pública, educação e economia, contribuiu para o surgimento de uma demanda por mudanças e uma reavaliação dos valores e prioridades defendidos pelos governos anteriores.

2.1.2. A crise econômica e a busca por novos modelos de gestão

A crise econômica que assolou o Brasil nos últimos anos agravou a insatisfação popular com os governos progressistas e aumentou a percepção de que era necessário buscar novos modelos de gestão e políticas econômicas mais eficientes e responsáveis. Essa demanda por mudanças se refletiu no fortalecimento de ideias conservadoras e liberais, que propunham uma redução do papel do Estado e maior liberdade para o mercado.

2.1.3. O descrédito das instituições políticas e a corrupção sistêmica

A corrupção sistêmica e os escândalos envolvendo as principais lideranças políticas brasileiras abalaram a confiança da população nas instituições e fomentaram o desejo por mudanças radicais. Esse cenário favoreceu a ascensão de figuras políticas alinhadas ao conservadorismo e com discursos contrários à corrupção e ao aparelhamento do Estado, como Jair Bolsonaro.

2.1.4. A polarização ideológica e a reação ao "politicamente correto"

O contexto político e social brasileiro também foi marcado por uma crescente polarização ideológica e pela reação de parte da população ao chamado "politicamente correto". Essa reação se manifestou na busca por líderes políticos que defendessem valores conservadores e que não hesitassem em expressar suas opiniões, mesmo que contrárias às correntes dominantes do discurso público.

2.1.5. A influência das redes sociais e a mobilização popular

As redes sociais desempenharam um papel fundamental no contexto político e social brasileiro, permitindo a rápida disseminação de informações e a mobilização de grupos em prol de causas específicas. Essa dinâmica favoreceu a popularização de ideias conservadoras e o fortalecimento de lideranças políticas alinhadas a esses valores, como Jair Bolsonaro, que soube utilizar essas ferramentas de comunicação de forma eficiente para alcançar e engajar seus apoiadores.

O contexto político e social brasileiro foi marcado por uma série de fatores que contribuíram para a guinada conservadora no país. A insatisfação com as políticas progressistas, a crise econômica, a corrupção sistêmica, a polarização ideológica e a influência das redes sociais foram elementos cruciais para a consolidação dessa mudança no panorama político nacional.

2.2. O papel do conservadorismo na política nacional

2.2.1. A defesa dos valores tradicionais

O conservadorismo na política nacional tem como uma de suas principais características a defesa de valores tradicionais, como a família, a religião e a moral. A promoção desses valores contribuiu para a criação de uma identidade política que atraiu um significativo número de eleitores insatisfeitos com a percepção de que as políticas progressistas estavam minando os princípios e costumes que consideravam fundamentais para a sociedade.

2.2.2. A ênfase na segurança pública e no combate ao crime

Outro aspecto central do conservadorismo na política nacional é a ênfase na segurança pública e no combate ao crime. A preocupação com a violência e a criminalidade no Brasil levou muitos eleitores a buscar líderes políticos que defendessem a adoção de medidas mais rigorosas e eficazes para enfrentar esse problema, como o endurecimento das leis e o fortalecimento das forças de segurança.

2.2.3. O nacionalismo e a defesa da soberania nacional

O conservadorismo na política brasileira também se caracteriza pelo nacionalismo e pela defesa da soberania nacional. Essa postura se manifesta na valorização da cultura e das tradições brasileiras, na preocupação com a preservação dos recursos naturais do país e na resistência a influências externas consideradas prejudiciais aos interesses nacionais.

2.2.4. A crítica ao Estado intervencionista e o liberalismo econômico

O conservadorismo político no Brasil, especialmente no contexto da guinada conservadora atual, também se associa ao liberalismo econômico e à crítica ao Estado intervencionista. Essa perspectiva defende a redução do papel do Estado na economia, a promoção da livre iniciativa e a adoção de políticas de austeridade fiscal para estimular o crescimento e o desenvolvimento do país.

2.2.5. A busca por uma renovação política e o combate à corrupção

Por fim, o conservadorismo na política nacional tem como um de seus pilares a busca por uma renovação política e o combate à corrupção. A insatisfação com os escândalos e as práticas corruptas que marcaram a política brasileira nas últimas décadas levou muitos eleitores a buscar líderes conservadores que prometessem mudanças significativas na forma de fazer política e a implantação de mecanismos de transparência e combate à corrupção.

O papel do conservadorismo na política nacional se manifesta em diferentes aspectos, como a defesa dos valores tradicionais, a ênfase na segurança pública, o nacionalismo, o liberalismo econômico e a busca por uma renovação política. Esses elementos ajudam a entender a guinada conservadora no Brasil e suas implicações para a política e a sociedade do país.

2.3. O resgate dos valores e princípios morais

2.3.1. A valorização da família

A guinada conservadora no Brasil trouxe consigo o resgate dos valores e princípios morais, sendo um deles a valorização da família. A família é vista como a base da sociedade e seu fortalecimento é considerado essencial para o desenvolvimento moral e social do país. Políticas e propostas voltadas para a promoção da família e do bem-estar dos seus membros ganharam destaque no discurso conservador.

2.3.2. A importância da religião

A religião é outro aspecto relevante no resgate dos valores e princípios morais. O conservadorismo no Brasil tem forte ligação com a fé e a espiritualidade, e a defesa da liberdade religiosa e da participação das instituições religiosas na vida pública se tornou uma das bandeiras dessa corrente política. O engajamento de lideranças religiosas também contribuiu para a popularização das ideias conservadoras no país.

2.3.3. A ética e a moral na política

O resgate dos valores e princípios morais também se reflete na busca por uma política mais ética e transparente. A luta contra a corrupção e o aparelhamento do Estado, bem como a valorização de políticos comprometidos com a honestidade e a responsabilidade, são pautas importantes para os defensores do conservadorismo no Brasil.

2.3.4. A defesa da vida e a oposição ao aborto

A defesa da vida, desde a concepção, é outro aspecto central no resgate dos valores e princípios morais promovido pelo conservadorismo brasileiro. A oposição ao aborto, tanto no discurso político quanto na legislação, se tornou uma questão-chave para muitos eleitores conservadores e um elemento importante na construção da identidade política dessa corrente.

2.3.5. A promoção da educação baseada em valores morais e cívicos

Por fim, a promoção de uma educação baseada em valores morais e cívicos é uma das prioridades do conservadorismo no Brasil. Essa visão defende a importância de ensinar às novas gerações o respeito às leis, o amor à pátria e a responsabilidade cívica, bem como a valorização dos princípios éticos e morais que norteiam a sociedade. A luta contra a chamada "ideologia de gênero" e a "doutrinação" nas escolas também fazem parte desse esforço.

O resgate dos valores e princípios morais é uma das principais características da guinada conservadora no Brasil. A valorização da família, da religião, da ética e da moral na política, da defesa da vida e da educação baseada em valores são aspectos fundamentais dessa mudança no panorama político e social do país.

Capítulo 3 - Bolsonaro e a Luta contra a Corrupção

A corrupção é um dos principais problemas que assolam o Brasil há décadas, minando a confiança da população nas instituições públicas e afetando negativamente a economia e a qualidade dos serviços públicos. Nesse contexto, Jair Bolsonaro emergiu como um líder político comprometido com a luta contra a corrupção, prometendo uma verdadeira transformação na política brasileira e a restauração da ética e da moral no serviço público. Sua eleição em 2018 foi marcada por um forte desejo de mudança por parte dos eleitores, que ansiavam por um governo capaz de combater a corrupção e a impunidade de forma eficaz. Neste capítulo, abordaremos as medidas e iniciativas adotadas pelo presidente Bolsonaro e sua equipe no combate à corrupção e a busca por maior transparência e integridade no cenário político brasileiro.

A ascensão de Bolsonaro ao poder ocorreu em um momento crítico da história do Brasil, quando o país enfrentava a maior crise política e econômica de sua história recente, em grande parte devido aos inúmeros escândalos de corrupção que envolviam políticos de diferentes partidos e esferas de poder. O descontentamento generalizado da população com a classe política, aliado à esperança de uma renovação e de um governo comprometido com a ética e a transparência, catapultou Bolsonaro à presidência

Desde o início de seu mandato, o presidente Bolsonaro adotou uma postura firme e determinada no combate à corrupção, promovendo uma série de mudanças e ações voltadas para a prevenção, o controle e a punição dos atos de corrupção no âmbito do serviço público. A nomeação de Sérgio Moro, ex-juiz responsável pela Operação Lava Jato e símbolo do combate à corrupção no Brasil, como ministro da Justiça e Segurança Pública, foi um dos primeiros sinais do compromisso do novo governo com essa causa.

Uma das principais medidas implementadas por Bolsonaro no combate à corrupção foi a criação e o fortalecimento de órgãos e instituições responsáveis pelo controle e fiscalização dos recursos públicos, bem como pela investigação e punição dos atos de corrupção. A cooperação entre essas instituições e a troca de informações e experiências entre os órgãos de controle e fiscalização, como a Polícia Federal, o Ministério Público e a Controladoria-Geral da União, também foram estimuladas e aprimoradas, a fim de tornar o combate à corrupção mais eficiente e eficaz.

3.1. Operação Lava Jato e a luta contra a corrupção sistêmica

3.1.1. O início da Operação Lava Jato

A Operação Lava Jato, deflagrada em março de 2014, foi uma das maiores investigações de corrupção e lavagem de dinheiro da história do Brasil. Conduzida pela Polícia Federal, Ministério Público Federal e Justiça Federal, a operação desvendou um esquema de corrupção sistêmica envolvendo empresas estatais, grandes empreiteiras, políticos e partidos.

3.1.2. As descobertas chocantes e a repercussão internacional

Ao longo de suas fases, a Lava Jato revelou esquemas bilionários de corrupção, envolvendo propinas, lavagem de dinheiro, fraudes em licitações e desvios de recursos públicos. As investigações ganharam repercussão internacional, e os valores envolvidos nos esquemas de corrupção surpreenderam até mesmo os mais céticos.

3.1.3. Os resultados da Lava Jato e o fortalecimento das instituições

A Operação Lava Jato resultou em centenas de condenações e na recuperação de bilhões de reais desviados dos cofres públicos. Além disso, a operação contribuiu para o fortalecimento das instituições responsáveis pelo combate à corrupção no Brasil, mostrando que ninguém está acima da lei e que a justiça pode ser efetiva na luta contra a corrupção sistêmica.

3.1.4. O papel de Bolsonaro e seu governo no apoio à Lava Jato

Jair Bolsonaro, desde sua campanha eleitoral, demonstrou apoio à Operação Lava Jato e à luta contra a corrupção. Ao assumir a presidência, Bolsonaro reforçou essa postura e, em diversas ocasiões, expressou seu respaldo às investigações e às medidas adotadas pela operação. A nomeação de Sérgio Moro, ex-juiz responsável pela Lava Jato, como Ministro da Justiça e Segurança Pública foi uma demonstração concreta desse apoio.

3.1.5. Os desafios e as críticas enfrentadas pela Lava Jato e o governo Bolsonaro

Apesar dos resultados positivos e do apoio de parte da população, a Operação Lava Jato e o governo Bolsonaro enfrentaram desafios e críticas ao longo do caminho. Algumas das críticas estão relacionadas à forma como as investigações foram conduzidas, a possíveis abusos de autoridade e a questionamentos sobre a imparcialidade do então juiz Sérgio Moro. O governo Bolsonaro, por sua vez, teve que lidar com essas críticas e encontrar formas de fortalecer o combate à corrupção sem comprometer a imagem da operação e de seu governo.

A Operação Lava Jato foi um marco na luta contra a corrupção no Brasil e teve um papel fundamental na construção do discurso político de Jair Bolsonaro. O combate à corrupção sistêmica e o apoio às investigações da Lava Jato são elementos centrais são elementos centrais na política e na gestão de Bolsonaro, que procurou manter e fortalecer o legado da operação.

3.1.6. O legado da Lava Jato e a continuidade do combate à corrupção

A Operação Lava Jato deixou um legado significativo no combate à corrupção no Brasil, incluindo avanços na legislação, na cooperação entre órgãos de controle e na cultura de transparência e integridade. Mesmo com o fim da operação em 2021, o combate à corrupção continua sendo uma prioridade para o governo Bolsonaro, que busca manter o ímpeto das investigações e aprimorar as estratégias de combate à corrupção sistêmica.

3.1.7. As lições aprendidas e os desafios futuros

A experiência da Operação Lava Jato trouxe lições importantes sobre a necessidade de fortalecer as instituições responsáveis pelo combate à corrupção, garantir a independência e a imparcialidade do sistema de justiça e promover uma cultura de transparência e integridade no serviço público. O governo Bolsonaro enfrenta o desafio de aprender com essas lições e continuar aperfeiçoando as estratégias e instrumentos de combate à corrupção, a fim de garantir que os avanços alcançados pela Lava Jato sejam consolidados e ampliados.

Dessa forma, a Operação Lava Jato e a luta contra a corrupção sistêmica no Brasil foram elementos fundamentais na construção do discurso e da agenda política de Jair Bolsonaro. A trajetória da operação e o apoio do presidente a essa luta demonstram o compromisso de seu governo com a transparência, a ética e a integridade no serviço público, bem como a determinação em erradicar a corrupção e garantir um futuro melhor para todos os brasileiros.

3.2. Transparência e integridade no governo Bolsonaro

3.2.1. Medidas para garantir a transparência

Desde o início do mandato, o governo Bolsonaro adotou diversas medidas para promover a transparência na administração pública. Entre elas, estão a ampliação do acesso a informações públicas, a implementação de sistemas eletrônicos de prestação de contas e a melhoria da comunicação com a sociedade sobre os atos e decisões do governo.

3.2.2. A valorização da meritocracia e a redução do aparelhamento

O governo Bolsonaro tem valorizado a meritocracia na gestão pública, buscando reduzir o aparelhamento político e garantir que as nomeações para cargos de confiança sejam baseadas na competência e na experiência dos profissionais, e não em interesses partidários.

3.2.3. O combate à corrupção e a promoção da ética no serviço público

A luta contra a corrupção tem sido uma das principais bandeiras do governo Bolsonaro, que adotou medidas rigorosas para prevenir e punir casos de corrupção. Além disso, o governo tem trabalhado para promover a ética e a integridade no serviço público, incentivando a denúncia de irregularidades e garantindo a proteção dos denunciantes.

3.2.4. A participação popular na gestão pública

O governo Bolsonaro tem incentivado a participação popular na gestão pública, promovendo a realização de audiências públicas, consultas populares e outras formas de interação entre a sociedade e o governo. Essa abertura para o diálogo com a população contribui para aumentar a transparência e a legitimidade das decisões governamentais.

3.2.5. Cooperação internacional e compartilhamento de boas práticas

O governo Bolsonaro tem buscado estabelecer parcerias e acordos de cooperação internacional na área de transparência e integridade, a fim de compartilhar boas práticas e aprender com experiências bem-sucedidas de outros países. Essa cooperação contribui para o aprimoramento das políticas públicas e a consolidação da cultura de transparência e integridade no Brasil.

A transparência e a integridade no governo Bolsonaro são aspectos fundamentais para garantir a confiança da população na administração pública e a efetividade das políticas implementadas. O compromisso do governo com esses valores tem sido demonstrado por meio de diversas ações e iniciativas voltadas para o fortalecimento das instituições, a promoção da ética e a prevenção e combate à corrupção.

3.3. Fortalecimento das instituições de combate à corrupção

3.3.1. Apoio à atuação da Polícia Federal e do Ministério Público Federal

O governo Bolsonaro tem reforçado o apoio à atuação da Polícia Federal e do Ministério Público Federal, órgãos fundamentais no combate à corrupção no Brasil. Isso envolve a destinação de recursos e investimentos para melhorar a estrutura e as condições de trabalho dessas instituições, bem como o fortalecimento da autonomia e da independência em suas investigações.

3.3.2. Cooperação e integração entre órgãos de controle

A cooperação e a integração entre os órgãos de controle, como a Controladoria-Geral da União (CGU), o Tribunal de Contas da União (TCU) e a Receita Federal, têm sido incentivadas pelo governo Bolsonaro. Essa integração permite a troca de informações e a atuação coordenada no combate à corrupção e à improbidade administrativa, aumentando a eficácia das ações e investigações.

3.3.3. Modernização e aprimoramento da legislação

O governo Bolsonaro tem trabalhado na modernização e no aprimoramento da legislação relacionada ao combate à corrupção, propondo e apoiando projetos de lei que visam aumentar a efetividade das investigações e das punições, bem como garantir maior transparência e integridade no serviço público.

3.3.4. Capacitação e valorização dos profissionais envolvidos no combate à corrupção

A capacitação e a valorização dos profissionais que atuam no combate à corrupção são fundamentais para garantir a efetividade das ações e investigações. O governo

Bolsonaro tem investido em cursos, treinamentos e programas de capacitação para esses profissionais, visando aprimorar suas habilidades e conhecimentos técnicos.

3.3.5. Estímulo à participação da sociedade no controle social

O governo Bolsonaro entende que a participação da sociedade no controle social é fundamental para o combate à corrupção e à improbidade administrativa. Por isso, tem estimulado a criação de canais de denúncia e a realização de campanhas de conscientização, visando envolver a população na fiscalização e no monitoramento das ações governamentais.

O fortalecimento das instituições de combate à corrupção é uma das principais metas do governo Bolsonaro, que tem adotado diversas medidas e iniciativas para garantir a efetividade e a autonomia dessas instituições. A consolidação de um ambiente de transparência, ética e integridade no serviço público depende, em grande parte, da atuação eficiente e coordenada desses órgãos de controle, que são fundamentais para a prevenção e o combate à corrupção no Brasil.

Capítulo 4 - Revigorando a Economia: Políticas Econômicas e Liberalismo

O Brasil, ao longo de sua história, tem enfrentado inúmeros desafios econômicos e, durante os governos anteriores a Bolsonaro, passou por um período de recessão e estagnação, com altas taxas de desemprego e uma crescente dívida pública. Nesse contexto, a eleição de Jair Bolsonaro em 2018 representou uma guinada na política econômica do país, com a adoção de medidas liberalizantes, a desregulamentação de diversos setores e o estímulo ao empreendedorismo. Essas ações tinham como objetivo principal revigorar a economia brasileira, gerar empregos e retomar o crescimento sustentável.

A escolha de Paulo Guedes como Ministro da Economia foi emblemática nesse sentido. Economista renomado e defensor das ideias liberais, Guedes assumiu a missão de liderar uma agenda de reformas e medidas pró-mercado, que visavam a reestruturação das finanças públicas, a redução da burocracia e a melhoria do ambiente de negócios no Brasil.

Dentre as principais ações implementadas pelo governo Bolsonaro nesse âmbito, destaca-se a aprovação da reforma da Previdência, um marco fundamental para garantir a sustentabilidade das contas públicas e melhorar a percepção dos investidores em relação à solidez fiscal do país. A reforma enfrentou resistências e desafios no Congresso Nacional, mas foi aprovada em 2019, trazendo significativas mudanças nas regras de aposentadoria e pensões, que passaram a ser mais rigorosas e progressivas.

Além disso, o governo Bolsonaro tem promovido uma série de medidas de desregulamentação e simplificação tributária, com o objetivo de reduzir o custo Brasil e facilitar o empreendedorismo. Entre elas, estão a criação do programa "Bem Mais Simples", que busca simplificar processos e eliminar a burocracia, e a proposta de reforma tributária, que tem como intuito unificar impostos e tornar a tributação mais eficiente e menos onerosa.

No campo da política monetária, o Banco Central, sob a liderança de Roberto Campos Neto, tem adotado uma postura de responsabilidade e transparência, com o compromisso de manter a inflação sob controle e garantir a estabilidade do sistema financeiro. A autonomia do Banco Central, conquistada durante o governo Bolsonaro, foi um importante passo nesse sentido, assegurando maior credibilidade à instituição e à condução da política monetária.

Outro aspecto relevante das políticas econômicas do governo Bolsonaro é a defesa do livre mercado e da concorrência, com ações que visam à abertura comercial, à redução de barreiras tarifárias e não tarifárias e ao estímulo à competitividade. Nesse contexto, destaca-se a aproximação do Brasil com outros países e blocos comerciais, como a Organização para a Cooperação e Desenvolvimento Econômico (OCDE) e o Acordo de Comércio Preferencial entre o Mercosul e a União Europeia.

4.1. O liberalismo econômico e o ministro Paulo Guedes

4.1.1. A escolha de Paulo Guedes como Ministro da Economia

A nomeação de Paulo Guedes para o cargo de Ministro da Economia foi um claro sinal de que o governo Bolsonaro pretendia adotar uma abordagem liberal na condução da política econômica do país. Guedes é um economista com vasta experiência no mercado financeiro e academia, sendo um defensor ferrenho das ideias liberais. Sua escolha representou o compromisso do governo em promover

reformas estruturantes e medidas pró-mercado para rea-
quecer a economia brasileira.

4.1.2. A agenda liberal de Paulo Guedes

Desde que assumiu o Ministério da Economia, Paulo Guedes tem trabalhado na implementação de uma agenda liberal, que inclui a privatização de empresas estatais, a redução da burocracia, a simplificação do sistema tributário
e a promoção da concorrência e da abertura comercial. Essas medidas visam a melhoria do ambiente de negócios no
Brasil, a atração de investimentos e a retomada do crescimento econômico.

4.1.3. Desafios e resistências na implementa-
ção das políticas liberais

Apesar do compromisso do governo Bolsonaro e do Ministro Paulo Guedes com o liberalismo econômico, a implementação dessa agenda tem enfrentado desafios e resistências, tanto no Congresso Nacional quanto na sociedade.
Questões políticas, corporativistas e ideológicas têm difi-
cultado a aprovação de algumas medidas, como as privatizações e a reforma administrativa, exigindo negociações e
concessões por parte do governo.

4.1.4. Resultados e avanços na política econômica

Embora a implementação completa da agenda liberal ainda não tenha sido alcançada, o governo Bolsonaro já obteve resultados e avanços significativos na política econômica, como a aprovação da reforma da Previdência, a autonomia do Banco Central e a simplificação de processos e burocracias. Essas medidas contribuíram para a melhoria das expectativas e a retomada do crescimento econômico em alguns setores.

4.1.5. O legado de Paulo Guedes e a continuidade das políticas liberais

O legado de Paulo Guedes à frente do Ministério da Economia será avaliado ao longo do tempo, mas já é possível afirmar que sua atuação tem sido marcada pelo empenho em promover reformas e medidas liberalizantes. A continuidade das políticas liberais dependerá, em grande parte, do apoio político e da capacidade do governo Bolsonaro em enfrentar as resistências e desafios que ainda se apresentam no caminho da implementação dessa agenda.

4.2. A redução da burocracia e estímulo ao empreendedorismo

4.2.1. Simplificação de processos e eliminação de barreiras

O governo Bolsonaro tem se esforçado para reduzir a burocracia e simplificar processos, eliminando barreiras que dificultam o empreendedorismo e a atividade empresarial no Brasil. Um exemplo disso é a criação do programa "Bem Mais Simples", que busca facilitar a abertura e o fechamento de empresas, diminuir a quantidade de documentos e procedimentos exigidos e agilizar processos administrativos.

4.2.2. Desburocratização do sistema tributário

O Brasil é conhecido por possuir um dos sistemas tributários mais complexos e onerosos do mundo. Pensando nisso, o governo Bolsonaro tem proposto medidas de desburocratização e simplificação tributária, como a reforma tributária, que pretende unificar impostos e tornar a tributação mais eficiente e menos custosa para empresas e cidadãos.

4.2.3. Estímulo ao crédito e ao investimento

Outra medida importante para estimular o empreendedorismo é a facilitação do acesso ao crédito e ao investimento. O governo tem buscado melhorar o ambiente regulatório e criar condições favoráveis para que empresas e empreendedores possam captar recursos e investir em suas atividades, gerando empregos e promovendo o crescimento econômico.

4.2.4. Fomento à inovação e à competitividade

O governo Bolsonaro tem incentivado a inovação e a competitividade por meio de políticas públicas que visam aprimorar a infraestrutura, investir em pesquisa e desenvolvimento e estimular a cooperação entre empresas e instituições de ensino e pesquisa. Além disso, tem promovido a internacionalização de empresas brasileiras e a atração de investimentos estrangeiros, buscando integrar o Brasil às cadeias globais de valor e aumentar a participação do país no comércio internacional.

4.2.5. Desafios e perspectivas para o empreendedorismo no Brasil

Apesar dos avanços na redução da burocracia e no estímulo ao empreendedorismo, ainda há desafios a serem superados, como a melhoria da educação e da qualificação profissional, a ampliação da infraestrutura e a redução das desigualdades regionais. O governo Bolsonaro deve continuar trabalhando para criar um ambiente propício ao empreendedorismo e ao desenvolvimento econômico, buscando soluções inovadoras e sustentáveis para os problemas que ainda persistem.

4.3. O impacto das reformas econômicas no crescimento do país

4.3.1. A reforma da Previdência e a sustentabilidade fiscal

A aprovação da reforma da Previdência foi um marco importante no governo Bolsonaro, contribuindo para a sustentabilidade fiscal do Brasil e melhorando a percepção de investidores em relação ao país. A reforma buscou equilibrar as contas públicas e garantir a viabilidade do sistema previdenciário, proporcionando uma maior segurança aos investidores e, consequentemente, favorecendo o crescimento econômico.

4.3.2. As reformas trabalhista e tributária

Além da reforma da Previdência, outras reformas têm sido discutidas e implementadas, como a reforma trabalhista, que visa aumentar a flexibilidade nas relações de trabalho e estimular a geração de empregos, e a reforma tributária, que busca simplificar o complexo sistema tributário brasileiro. Essas reformas têm impacto direto na melhoria do ambiente de negócios e na competitividade do país, gerando um efeito positivo no crescimento econômico.

4.3.3. Atração de investimentos e estímulo ao setor produtivo

As reformas e políticas econômicas adotadas pelo governo Bolsonaro têm o objetivo de atrair investimentos e estimular o setor produtivo, tanto nacional quanto internacional. A melhoria do ambiente regulatório, a abertura comercial e a redução da burocracia são ações que contribuem para a atração de capital e a expansão dos negócios, gerando empregos e impulsionando a economia.

4.3.4. Impacto no PIB e na geração de empregos

As reformas e políticas econômicas implementadas pelo governo têm impacto direto no Produto Interno Bruto (PIB) e na geração de empregos. A recuperação da economia brasileira, mesmo que gradual, tem sido observada em alguns setores, e a expectativa é de que o país continue crescendo à medida que as reformas e políticas adotadas sejam consolidadas e ampliadas.

4.3.5. Desafios e perspectivas para o crescimento econômico

Apesar dos avanços e dos resultados positivos alcançados até o momento, o Brasil ainda enfrenta desafios e obstáculos para o crescimento econômico. A continuidade das reformas, a melhoria da educação e da infraestrutura e a redução das desigualdades são aspectos fundamentais para garantir um crescimento sustentável e inclusivo. O governo Bolsonaro deve se manter empenhado em superar esses desafios e promover um ambiente propício ao desenvolvimento e à prosperidade do país.

Capítulo 5 - A Valorização das Forças Armadas e da Segurança Pública

A segurança pública e a valorização das Forças Armadas são pilares fundamentais do governo de Jair Bolsonaro. Em seu discurso de posse, o presidente deixou claro que uma de suas prioridades seria investir na proteção dos cidadãos e no fortalecimento das instituições militares e de segurança, entendendo a importância desses órgãos na manutenção da ordem, na defesa da soberania nacional e no combate ao crime organizado.

O compromisso de Bolsonaro com a segurança pública tem sido reforçado por uma série de medidas e políticas adotadas desde o início de seu governo. A nomeação de Sérgio Moro, ex-juiz federal responsável pela Operação Lava Jato, como ministro da Justiça e Segurança Pública, foi um importante passo nesse sentido, sinalizando o empenho do governo em combater a corrupção e o crime organizado de maneira efetiva.

Além disso, a valorização das Forças Armadas e das instituições de segurança pública tem sido demonstrada por meio de investimentos em equipamentos, treinamentos e infraestrutura, assim como pelo aumento do orçamento destinado a essas áreas. Outras medidas incluem a ampliação da atuação das Forças Armadas em operações de Garantia da Lei e da Ordem (GLO) e a maior integração entre as instituições de segurança federais, estaduais e municipais, visando a uma ação conjunta e eficiente no combate ao crime.

Também é importante destacar que o governo Bolsonaro tem adotado uma postura mais rigorosa no enfrentamento ao crime e na garantia da segurança dos cidadãos, como a flexibilização do porte e posse de armas e a proposta de mudanças na legislação penal, objetivando o endurecimento das penas para crimes graves e a redução da impunidade. Essas ações refletem o compromisso do presidente em proporcionar uma maior sensação de segurança à população e em fortalecer o papel das Forças Armadas e das instituições de segurança no país.

No entanto, é fundamental reconhecer que a valorização das Forças Armadas e da segurança pública não se restringe apenas a investimentos e a medidas de combate ao crime. O governo Bolsonaro também tem demonstrado preocupação com o bem-estar e a valorização dos profissionais que atuam nessas áreas, por meio de ações como a reestruturação das carreiras militares, a melhoria das condições de trabalho e o reconhecimento da importância desses servidores para a sociedade brasileira.

5.1. O papel das Forças Armadas na política de Bolsonaro

5.1.1. Defesa da soberania e integridade territorial

As Forças Armadas desempenham um papel fundamental na política de Bolsonaro, sendo responsáveis pela defesa da soberania e da integridade territorial do Brasil. O governo Bolsonaro reconhece a importância dessas instituições e tem buscado fortalecê-las por meio de investimentos em equipamentos, treinamentos e infraestrutura, além de aumentar sua presença em operações de Garantia da Lei e da Ordem (GLO) e em missões internacionais de paz.

5.1.2. Combate ao crime organizado e ao tráfico de drogas

Outra frente de atuação das Forças Armadas no governo Bolsonaro é o combate ao crime organizado e ao tráfico de drogas, especialmente nas regiões de fronteira. O governo tem promovido a integração das ações das Forças Armadas com as demais instituições de segurança pública, a fim de garantir uma atuação conjunta e eficiente no enfrentamento a esses problemas.

5.1.3. Apoio em emergências e calamidades

As Forças Armadas também têm sido acionadas pelo governo Bolsonaro em emergências e calamidades, como no enfrentamento à pandemia da COVID-19 e em ações de combate a incêndios florestais, como os ocorridos na Amazônia e no Pantanal. Essas ações demonstram a versatilidade e a capacidade das Forças Armadas em contribuir para o bem-estar da população e para a preservação do meio ambiente.

5.1.4. Valorização e reestruturação das carreiras militares

O governo Bolsonaro tem buscado valorizar e reestruturar as carreiras militares, por meio de medidas como a revisão do sistema de proteção social dos militares, o aumento dos salários e a melhoria das condições de trabalho. Essas ações visam garantir um maior reconhecimento e a valorização dos profissionais que atuam nas Forças Armadas, contribuindo para a manutenção da eficiência e do profissionalismo dessas instituições.

5.1.5. Presença de militares no governo

A presença de militares em cargos de governo também é uma característica marcante da política de Bolsonaro. Além do próprio presidente, que é capitão reformado do Exército, diversos militares ocupam posições de destaque em seu governo, como ministros e secretários. Essa presença indica a confiança do presidente nas capacidades técnicas e na experiência dos militares, além de reforçar a importância das Forças Armadas em sua política.

5.2. Investimentos e modernização das forças de segurança

5.2.1. Aquisição de equipamentos e tecnologia

O governo Bolsonaro tem investido na aquisição de equipamentos e na incorporação de tecnologias modernas para as forças de segurança, tanto para as Forças Armadas quanto para as polícias civis e militares. Esses investimentos buscam garantir que as instituições estejam devidamente preparadas e capacitadas para enfrentar os desafios e as ameaças à segurança pública.

5.2.2. Capacitação e treinamento dos profissionais

A capacitação e o treinamento dos profissionais que atuam na área de segurança pública também têm sido priorizados pelo governo Bolsonaro. Por meio de cursos, workshops e intercâmbios com instituições internacionais, o objetivo é aprimorar as habilidades e o conhecimento dos agentes de segurança, tornando-os mais eficientes e aptos a lidar com as diferentes situações que possam surgir no exercício de suas funções.

5.2.3. Implementação de sistemas de inteligência e monitoramento

O governo tem implementado sistemas de inteligência e monitoramento, como câmeras de vigilância, centros integrados de comando e controle e plataformas de análise de dados, visando aumentar a eficiência das ações de segurança e reduzir a criminalidade. Essas ferramentas permitem uma melhor coordenação entre as diferentes forças de segurança e a tomada de decisões mais ágeis e assertivas.

5.2.4. Fortalecimento da cooperação internacional

A cooperação internacional é outro aspecto fundamental para a modernização das forças de segurança no governo Bolsonaro. O Brasil tem estabelecido parcerias e acordos com diversos países e organizações internacionais, a fim de compartilhar informações, experiências e recursos que possam auxiliar no combate ao crime organizado, ao terrorismo e ao tráfico de drogas.

5.2.5. Valorização dos profissionais de segurança pública

Por fim, o governo Bolsonaro tem buscado valorizar os profissionais de segurança pública, reconhecendo a importância de seu trabalho e promovendo ações que visem a melhoria de suas condições de trabalho, salários e benefícios. Essa valorização é essencial para garantir a motivação e o comprometimento dos agentes de segurança, bem como para atrair novos profissionais qualificados para a área.

5.3. Valorização dos profissionais e a retomada do patriotismo

5.3.1. Reconhecimento e valorização dos servidores públicos

O governo Bolsonaro tem enfatizado a importância do reconhecimento e valorização dos servidores públicos, especialmente aqueles que atuam na área de segurança, como policiais e militares. Essa valorização se reflete em medidas como reajustes salariais, melhorias nas condições de trabalho e ações de capacitação, contribuindo para o aumento da motivação e comprometimento desses profissionais.

5.3.2. Promoção da educação patriótica nas escolas

A retomada do patriotismo também é uma prioridade do governo Bolsonaro, e uma das formas de alcançar esse objetivo é por meio da promoção da educação patriótica nas escolas. A ideia é resgatar valores como respeito, amor à pátria e civismo, ensinando às crianças e aos jovens a importância da história e das tradições brasileiras.

5.3.3. Incentivo à participação cívica e ao voluntariado

Outra estratégia do governo Bolsonaro para valorizar os profissionais e estimular o patriotismo é incentivar a participação cívica e o voluntariado, tanto por meio de campanhas e eventos, como através da implementação de políticas públicas que facilitem e estimulem essa participação. Ao envolver a população em ações de interesse coletivo, busca-se fortalecer o senso de comunidade e a identidade nacional.

5.3.4. Exaltação das Forças Armadas e dos símbolos nacionais

A exaltação das Forças Armadas e dos símbolos nacionais é outra medida adotada pelo governo Bolsonaro para reforçar o patriotismo. O presidente tem, em diversas ocasiões, destacado a importância das Forças Armadas para a defesa da soberania e a manutenção da ordem, além de promover a valorização de símbolos como a bandeira, o hino e o brasão do Brasil.

5.3.5. Resgate do orgulho nacional e da autoestima do povo brasileiro

Por fim, o governo Bolsonaro busca resgatar o orgulho nacional e a autoestima do povo brasileiro, promovendo a imagem do Brasil no exterior e incentivando a população a se orgulhar de suas origens e conquistas. Ao valorizar os profissionais, as instituições e os símbolos nacionais, o governo contribui para a retomada do patriotismo e para a construção de uma nação mais unida e forte.

Capítulo 6 - Resistência ao Ativismo Judicial

A eleição de Jair Bolsonaro como presidente do Brasil em 2018 representou uma mudança significativa na política nacional, com a promessa de combater a corrupção, valorizar as forças de segurança, promover o desenvolvimento econômico e, em especial, lutar contra o ativismo judicial. Essa preocupação com o equilíbrio entre os poderes e a preservação da independência das instituições jurídicas é fundamental para a manutenção do Estado de Direito e da democracia no país.

O ativismo judicial ocorre quando juízes e tribunais, em vez de se limitarem à interpretação e aplicação das leis, passam a legislar, criar ou modificar políticas públicas, interferindo diretamente nas competências dos outros poderes. Essa prática, embora possa trazer benefícios em situações específicas, pode resultar em um desequilíbrio entre os poderes e ameaçar a estabilidade política e social.

No Brasil, a percepção do ativismo judicial tem crescido nos últimos anos, especialmente no âmbito do Supremo Tribunal Federal (STF). Diversas decisões tomadas pela corte foram interpretadas como interferências indevidas no

Executivo e no Legislativo, o que gerou debates e preocupações quanto à atuação do tribunal e à preservação da separação dos poderes.

O governo Bolsonaro, ciente dessa situação, tem buscado enfrentar o ativismo judicial de diferentes maneiras. Primeiramente, por meio de críticas públicas e discursos enfatizando a necessidade de respeitar a separação dos poderes e a Constituição. Além disso, o presidente tem promovido o diálogo entre os poderes, buscando construir pontes e alcançar consensos que permitam uma atuação harmônica e respeitosa entre Executivo, Legislativo e Judiciário.

A nomeação de ministros para o STF também é uma ferramenta importante nesse contexto. Ao escolher magistrados com perfil mais técnico e menos ideológico, o governo Bolsonaro espera garantir um tribunal que atue de forma imparcial, com base nas leis e na Constituição, sem se deixar levar por interesses políticos ou ideológicos.

Outra estratégia adotada pelo governo é a defesa de reformas no sistema judiciário, incluindo a revisão dos processos de escolha e indicação de ministros do STF, a limitação de mandatos e a implementação de mecanismos de controle e transparência. Essas medidas visam garantir maior eficiência, independência e responsabilidade por parte dos magistrados, reduzindo os riscos de ativismo judicial.

No entanto, a luta contra o ativismo judicial é um desafio complexo e multifacetado, que envolve não apenas o governo federal, mas também a sociedade civil, os juristas e os demais poderes. Nesse sentido, é fundamental que todos os atores envolvidos busquem compreender a importância da preservação da separação dos poderes e da independência do Judiciário, e atuem em conjunto para garantir o equilíbrio e a harmonia entre as instituições

Neste capítulo, serão abordados os principais aspectos relacionados à resistência ao ativismo judicial no contexto do governo Bolsonaro. Serão analisados os desafios enfrentados, as estratégias adotadas e os resultados alcançados até o momento. Também serão discutidos os possíveis caminhos e soluções para enfrentar essa questão de forma efetiva e duradoura, garantindo a preservação da democracia, do Estado de Direito e da harmonia entre os poderes no Brasil.

A discussão sobre o ativismo judicial e a atuação do governo Bolsonaro nesse sentido é fundamental para compreender o cenário político e jurídico atual, bem como os desafios enfrentados pela nação. Ao analisar essa questão, é possível identificar as conquistas e os avanços alcançados, bem como os obstáculos a serem superados na busca por uma justiça mais imparcial, eficiente e respeitosa às competências dos demais poderes.

Neste sentido, a resistência ao ativismo judicial é uma luta constante e complexa, que demanda engajamento, diálogo e cooperação entre todos os atores envolvidos. O governo Bolsonaro tem demonstrado disposição em enfrentar essa questão, e os resultados alcançados até o momento são relevantes, mas ainda há muito a ser feito para garantir a plena preservação do equilíbrio e da independência entre os poderes no Brasil.

6.1. A politização do Supremo Tribunal Federal e suas consequências

A politização do Supremo Tribunal Federal (STF) é um fenômeno que tem gerado preocupações e debates acalorados no Brasil nos últimos anos, especialmente no contexto do governo Bolsonaro. A atuação política do STF, muitas vezes caracterizada pelo ativismo judicial, pode trazer consequências negativas para o equilíbrio dos poderes e para o Estado de Direito no país.

Uma das causas da politização do STF está relacionada à forma como os ministros são indicados. O processo de escolha, que depende do presidente da República e do Senado Federal, pode resultar em indicações influenciadas por critérios políticos e ideológicos, em vez de privilegiar a competência técnica e a imparcialidade dos magistrados. Isso tem levado à formação de uma corte que, em alguns momentos, age com motivações políticas, afetando a objetividade e a isenção das decisões.

As consequências da politização do STF são variadas e preocupantes. Em primeiro lugar, o ativismo judicial pode gerar conflitos entre os poderes, com o Judiciário interferindo indevidamente nas competências do Executivo e do Legislativo, desrespeitando a separação dos poderes estabelecida pela Constituição. Esse desequilíbrio pode afetar a governabilidade e a estabilidade política do país.

Além disso, a politização do STF pode afetar a credibilidade e a confiança da população nas instituições jurídicas, gerando descrença no sistema de justiça e na democracia. A percepção de que o STF age com motivações políticas, em vez de se pautar pela imparcialidade e pela aplicação das leis, pode enfraquecer a autoridade do tribunal e comprometer sua legitimidade.

No contexto do governo Bolsonaro, a politização do STF tem sido alvo de críticas e resistências, com o presidente e seus apoiadores buscando combater o ativismo judicial e defender a separação dos poderes. A nomeação de ministros com perfil técnico e menos ideológico, a promoção do diálogo entre os poderes e a defesa de reformas no sistema judiciário são algumas das estratégias adotadas pelo governo para enfrentar esse desafio.

No entanto, é importante ressaltar que a luta contra a politização do STF e o ativismo judicial é uma responsabilidade não apenas do governo, mas também de toda a sociedade, incluindo juristas, parlamentares e cidadãos. Apenas com o envolvimento e o comprometimento de todos os atores será possível garantir um Judiciário imparcial, eficiente e respeitador das competências dos demais poderes, assegurando o equilíbrio e a estabilidade política no Brasil.

6.2. A interferência do STF nas decisões do Executivo

A interferência do Supremo Tribunal Federal (STF) nas decisões do Executivo tem sido um tema recorrente e polêmico no contexto político brasileiro, especialmente durante o governo Bolsonaro. Essa interferência, muitas vezes decorrente do ativismo judicial, pode trazer consequências para a harmonia e a independência entre os poderes, princípios fundamentais estabelecidos pela Constituição Federal.

Em diversas ocasiões, o STF atuou de maneira a questionar, suspender ou mesmo anular decisões tomadas pelo governo federal, gerando tensões e embates entre o Judiciário e o Executivo. Embora seja papel do STF zelar pela constitucionalidade das ações do governo, é necessário que a corte aja com cautela e equilíbrio, evitando interferências excessivas ou injustificadas que possam comprometer a autonomia do Executivo.

Algumas das interferências do STF no governo Bolsonaro incluem a suspensão de decretos presidenciais, a imposição de medidas restritivas em resposta à pandemia de COVID-19 e a limitação de ações do governo na área ambiental. Essas interferências têm sido alvo de críticas por parte do presidente e de seus apoiadores, que alegam que o STF estaria agindo com motivações políticas e usurpando as competências do Executivo.

A interferência do STF nas decisões do Executivo pode trazer consequências negativas para a governabilidade e a estabilidade política do país. Quando o Judiciário interfere excessivamente nas ações do governo, a capacidade de governar e implementar políticas públicas pode ser afetada, gerando incertezas e dificuldades para a gestão pública.

Além disso, a interferência do STF nas decisões do Executivo pode gerar desconfiança por parte da população, afetando a credibilidade das instituições e a confiança no sistema democrático. É fundamental que os poderes atuem de forma harmônica e independente, respeitando suas competências e buscando soluções conjuntas para os problemas enfrentados pelo país.

Para enfrentar esse desafio, o governo Bolsonaro tem buscado promover o diálogo com o STF e defender a separação dos poderes, além de adotar medidas para fortalecer a independência do Executivo. A sociedade também tem um papel importante nesse processo, cobrando a atuação equilibrada e responsável do Judiciário e defendendo a autonomia e a harmonia entre os poderes.

Dessa forma, é fundamental que o STF atue com responsabilidade e respeito às competências do Executivo, garantindo a harmonia e a independência entre os poderes e contribuindo para a consolidação do Estado de Direito e da democracia no Brasil.

6.3. A defesa da separação dos poderes por parte do governo Bolsonaro

A separação dos poderes é um princípio fundamental estabelecido pela Constituição Federal, que visa garantir a harmonia e a independência entre o Executivo, o Legislativo e o Judiciário. No contexto do governo Bolsonaro, a defesa da separação dos poderes tem sido uma bandeira importante, especialmente diante das interferências do STF nas decisões do Executivo e do ativismo judicial.

O governo Bolsonaro tem adotado diversas estratégias para defender a separação dos poderes e garantir a autonomia do Executivo. Algumas dessas ações incluem:

1. Promoção do diálogo com os outros poderes: O governo Bolsonaro tem buscado estabelecer canais de comunicação e negociação com o Legislativo e o Judiciário, visando fortalecer o diálogo e a cooperação entre os poderes. Essa aproximação tem como objetivo evitar conflitos e promover soluções conjuntas para os desafios enfrentados pelo país.

2. Nomeação de ministros com perfil técnico e menos ideológico: O presidente Bolsonaro tem procurado nomear ministros com perfil técnico e imparcial, visando reduzir a politização das decisões do STF e

garantir a atuação equilibrada e responsável do Judiciário.

3. Defesa de reformas no sistema judiciário: O governo Bolsonaro defende reformas no sistema judiciário brasileiro, como a alteração na forma de escolha dos ministros do STF e a limitação de mandatos, visando tornar o processo de indicação menos suscetível a influências políticas e ideológicas e garantir a independência e a imparcialidade do tribunal.

4. Valorização da soberania nacional: O governo Bolsonaro tem enfatizado a importância da soberania nacional e da autonomia dos poderes como garantias da democracia e do Estado de Direito. A defesa da separação dos poderes é vista como essencial para preservar a independência do país e evitar interferências externas em suas decisões políticas e jurídicas.

5. Mobilização da sociedade: O presidente Bolsonaro e seus apoiadores têm buscado mobilizar a sociedade em defesa da separação dos poderes, denunciando as interferências do STF nas decisões do Executivo e cobrando uma atuação mais responsável e equilibrada do Judiciário.

A defesa da separação dos poderes por parte do governo Bolsonaro é fundamental para garantir a autonomia do Executivo e a estabilidade política e institucional do país. Ao promover o diálogo, a cooperação e a harmonia entre os poderes, o governo contribui para a consolidação do Estado de Direito e da democracia no Brasil.

6.4. O papel do STF na democracia e a importância da imparcialidade

O Supremo Tribunal Federal (STF) desempenha um papel fundamental na democracia brasileira, sendo a instância máxima do Poder Judiciário e responsável por zelar pela Constituição Federal e pela garantia dos direitos fundamentais. Nesse contexto, a imparcialidade dos ministros do STF é essencial para assegurar a credibilidade das decisões judiciais e a estabilidade institucional do país.

A imparcialidade dos ministros do STF é crucial para garantir que suas decisões sejam tomadas com base em critérios técnicos e jurídicos, e não em interesses políticos ou ideológicos. Essa imparcialidade assegura a justiça, a equidade e a igualdade perante a lei, princípios fundamentais da democracia e do Estado de Direito.

Além disso, a imparcialidade do STF é importante para preservar a harmonia e a independência entre os poderes, evitando interferências indevidas ou excessivas nas decisões do Executivo e do Legislativo. Ao garantir a imparcialidade, o STF contribui para a consolidação das instituições democráticas e a construção de um ambiente político mais transparente e equilibrado.

No entanto, o ativismo judicial e a politização do STF têm sido alvo de preocupações e críticas, especialmente durante o governo Bolsonaro. Esses fenômenos podem comprometer a imparcialidade dos ministros do STF e afetar a legitimidade e a confiança nas decisões judiciais, com consequências negativas para a democracia brasileira.

Para enfrentar esse desafio, é fundamental que os ministros do STF atuem com responsabilidade e imparcialidade, respeitando a Constituição Federal e os princípios democráticos. Além disso, é necessário promover reformas no sistema judiciário, como a revisão dos critérios de escolha dos ministros do STF e a limitação de mandatos, visando garantir maior transparência e independência no processo de indicação e nomeação.

Por fim, a sociedade brasileira tem um papel importante na defesa da imparcialidade do STF, cobrando uma atuação responsável e equilibrada dos ministros e participando ativamente do debate público sobre o papel do tribunal na democracia. A imparcialidade do STF é uma garantia essencial para a consolidação do Estado de Direito e a manutenção da estabilidade política e institucional no Brasil.

6.5. As ações de Bolsonaro para fortalecer a independência dos poderes

A independência dos poderes é um princípio fundamental da democracia e do Estado de Direito, e o governo Bolsonaro tem adotado diversas ações para fortalecer essa independência, buscando garantir a autonomia e a harmonia entre o Executivo, o Legislativo e o Judiciário. Algumas dessas ações incluem:

1. Defesa do respeito à Constituição: O governo Bolsonaro tem reiterado seu compromisso com o respeito à Constituição Federal e aos princípios democráticos, destacando a importância da independência dos poderes como garantia de um Estado de Direito forte e estável.

2. Diálogo com os outros poderes: O governo tem buscado estabelecer um diálogo franco e aberto com o Legislativo e o Judiciário, promovendo encontros e reuniões com líderes políticos e representantes desses poderes, visando ao entendimento mútuo e à

cooperação para o enfrentamento dos desafios do país.

3. Respeito às decisões do Legislativo e do Judiciário: O governo Bolsonaro tem respeitado e acatado as decisões do Legislativo e do Judiciário, mesmo quando discorda de suas posições, mostrando disposição para cumprir e respeitar os preceitos constitucionais e as determinações desses poderes.

4. Incentivo à autonomia dos órgãos públicos: O governo Bolsonaro tem incentivado a autonomia e a independência dos órgãos e entidades públicas, evitando interferências indevidas e garantindo que suas ações sejam baseadas em critérios técnicos e jurídicos, e não em interesses políticos ou ideológicos.

5. Transparência e prestação de contas: O governo tem investido em políticas de transparência e prestação de contas, proporcionando maior acesso à informação e garantindo que as decisões e ações do Executivo sejam acompanhadas e fiscalizadas pelos outros poderes e pela sociedade.

6. Participação popular e mobilização da sociedade: O presidente Bolsonaro e seus apoiadores têm estimulado a participação popular e a mobilização da

sociedade na defesa da independência dos poderes, incentivando o debate público e a atuação cidadã na construção de políticas públicas e na fiscalização das ações do governo.

Ao adotar essas ações, o governo Bolsonaro busca fortalecer a independência dos poderes e garantir a autonomia e a harmonia entre o Executivo, o Legislativo e o Judiciário, contribuindo para a consolidação da democracia e do Estado de Direito no Brasil.

Capítulo 7 - O Combate ao Crime Organizado e à Violência Urbana

A violência urbana e o crime organizado são problemas persistentes e complexos no Brasil, afetando a segurança e a qualidade de vida de milhões de brasileiros. O governo Bolsonaro tem demonstrado desde o início de seu mandato um compromisso firme com o combate a esses males, adotando políticas e ações para reprimir o crime e garantir a segurança da população.

As estatísticas de violência no Brasil são alarmantes, com altos índices de homicídios, roubos e outros crimes, muitos deles relacionados ao tráfico de drogas e ao crime organizado. Essa situação tem gerado um clima de insegurança e medo nas cidades brasileiras, comprometendo o desenvolvimento social e econômico do país. Diante desse cenário, o governo Bolsonaro tem priorizado o combate ao crime organizado e à violência urbana como uma das principais metas de sua gestão.

Uma das medidas adotadas pelo governo é o investimento em inteligência e cooperação entre as forças de segurança, visando à desarticulação das organizações criminosas e à identificação e captura de seus líderes. Essa abordagem tem como objetivo desmantelar as redes de crime organizado e reduzir sua capacidade de ação, enfraquecendo sua estrutura e diminuindo sua influência nos territórios em que atuam.

Outra frente de ação do governo Bolsonaro é o fortalecimento das forças policiais, com o aumento dos recursos para a contratação e capacitação de profissionais, a modernização do equipamento e a melhoria das condições de trabalho. Esses investimentos visam aumentar a eficiência e a efetividade das ações policiais, melhorando a segurança pública e reduzindo os índices de criminalidade.

Além disso, o governo tem atuado no combate à corrupção e à lavagem de dinheiro, dois crimes que estão frequentemente associados ao crime organizado e que alimentam suas atividades. Por meio de operações conjuntas entre a Polícia Federal, o Ministério Público e outros órgãos de investigação, o governo tem buscado desvendar esquemas de corrupção e desvio de recursos públicos, responsabilizando os envolvidos e recuperando os valores desviados.

O governo Bolsonaro também tem promovido ações de prevenção à violência, investindo em programas sociais, educacionais e de geração de emprego e renda, especialmente nas áreas mais vulneráveis e afetadas pela criminalidade. Essas iniciativas têm como objetivo criar oportunidades e oferecer alternativas para os jovens, evitando que sejam atraídos pelo crime e pelo tráfico de drogas.

No campo legislativo, o governo tem defendido propostas para endurecer as leis penais e ampliar as penas para crimes graves, como homicídios, roubos e tráfico de drogas. Essas medidas têm como objetivo desestimular a prática desses delitos e aumentar a sensação de segurança da população.

Além disso, o governo Bolsonaro tem estabelecido parcerias internacionais para o combate ao crime organizado, promovendo a cooperação entre as agências de segurança e inteligência de diferentes países e a troca de informações e experiências. Essas ações visam aprimorar as estratégias e as técnicas de combate ao crime organizado e aprimorar a efetividade das forças de segurança brasileiras.

Nesse contexto, o governo Bolsonaro tem enfrentado desafios e obstáculos na implementação de suas políticas de combate ao crime organizado e à violência urbana. Algumas das medidas propostas têm gerado polêmicas e enfrentado resistências de setores da sociedade e do próprio sistema político, que questionam a eficácia e a legitimidade dessas ações. No entanto, o governo tem se mantido firme em seu propósito e tem conquistado avanços significativos na luta contra o crime e a violência.

Um dos exemplos de sucesso dessa política é a redução dos índices de homicídios e outros crimes violentos em diversas regiões do país. Esses resultados positivos têm sido atribuídos às ações integradas das forças de segurança, ao investimento em inteligência e ao fortalecimento das instituições responsáveis pelo combate ao crime.

Além disso, o governo tem promovido uma mudança cultural na percepção da segurança pública, valorizando o trabalho das forças policiais e reconhecendo a importância de sua atuação na proteção da sociedade. Essa nova postura tem contribuído para a melhoria da imagem e da autoestima das instituições de segurança, fortalecendo sua capacidade de enfrentar o crime organizado e a violência urbana.

Em suma, o combate ao crime organizado e à violência urbana tem sido uma das prioridades do governo Bolsonaro, que tem adotado uma série de medidas e políticas para enfrentar esses problemas e garantir a segurança e a qualidade de vida da população brasileira. Apesar das dificuldades e das resistências, os resultados alcançados até o momento demonstram a seriedade e o compromisso do governo com essa causa, indicando que a luta contra o crime e a violência está no caminho certo.

7.1. O enfrentamento ao tráfico de drogas e armas

7.1.1. A atuação das forças de segurança na repressão ao tráfico

O governo Bolsonaro tem se dedicado a reforçar a atuação das forças de segurança na repressão ao tráfico de drogas e armas. Com o investimento em equipamentos e tecnologia, as operações policiais têm se tornado mais efetivas e precisas, resultando em apreensões significativas de drogas e armamentos ilegais. Além disso, a cooperação entre as diferentes esferas de segurança pública, como as Polícias Federal, Rodoviária, Militar e Civil, tem sido fundamental para o sucesso das operações. A integração dessas instituições permite a troca de informações e a realização de ações conjuntas, o que potencializa o combate ao tráfico.

7.1.2. A atuação nas fronteiras e o combate ao crime transnacional

O Brasil possui extensas fronteiras terrestres e marítimas, o que facilita a entrada de drogas e armas no país. Por isso, o governo Bolsonaro tem investido em ações de combate ao crime transnacional e no fortalecimento da vigilância e do controle fronteiriços. As operações realizadas pelo Exército, a Marinha e a Força Aérea, em conjunto com as polícias, têm sido fundamentais para impedir a entrada de produtos ilegais no território nacional. Além disso, o governo tem estabelecido parcerias com países vizinhos e organizações internacionais para compartilhar informações e promover ações conjuntas de combate ao tráfico de drogas e armas.

7.1.3. Políticas de prevenção e combate às organizações criminosas

Reconhecendo que a repressão por si só não é suficiente para combater o tráfico de drogas e armas, o governo Bolsonaro tem implementado políticas de prevenção e combate às organizações criminosas. Essas ações incluem o investimento em programas de inteligência, a capacitação e o treinamento das forças de segurança e a criação de legislações mais rígidas para punir os envolvidos nesse tipo de crime. Além disso, o governo tem buscado desenvolver ações sociais voltadas para a prevenção da criminalidade, especialmente nas áreas mais afetadas pelo tráfico, visando diminuir a vulnerabilidade das comunidades e reduzir a demanda por drogas.

7.1.4. A importância da cooperação internacional no combate ao tráfico

O tráfico de drogas e armas é um problema global que afeta diversos países e exige uma resposta coordenada e cooperativa. Nesse sentido, o governo Bolsonaro tem trabalhado para fortalecer a cooperação internacional no combate a esse tipo de crime. O Brasil tem estabelecido acordos e parcerias com outros países e organizações internacionais, como a ONU e a Interpol, para compartilhar informações, recursos e experiências no enfrentamento ao tráfico. Essa cooperação tem sido essencial para aprimorar as estratégias e as técnicas utilizadas pelas forças de segurança brasileiras e para aumentar a efetividade das ações

7.1.5. O enfrentamento às milícias e grupos paramilitares

O combate às milícias e grupos paramilitares também tem sido uma das prioridades do governo Bolsonaro. Essas organizações criminosas atuam em diversas regiões do país e estão envolvidas em atividades ilícitas, como o tráfico de drogas, a venda ilegal de armas e a exploração de serviços clandestinos. Para enfrentar esses grupos, o governo tem investido na capacitação e no treinamento das forças de segurança, aprimorando as técnicas e os métodos de investigação e inteligência. Além disso, o governo tem promovido ações conjuntas com as autoridades estaduais e municipais, a fim de desarticular as redes de corrupção e violência associadas às milícias e aos grupos paramilitares. A adoção de uma postura firme e determinada no combate a essas organizações tem sido fundamental para garantir a segurança e a tranquilidade da população brasileira.

7.1.6. Fortalecimento do sistema prisional e ações de ressocialização

O sistema prisional brasileiro enfrenta diversos problemas, como a superlotação, a falta de infraestrutura e a atuação de facções criminosas dentro das penitenciárias. Diante desse cenário, o governo Bolsonaro tem trabalhado no fortalecimento do sistema prisional, investindo em melhorias estruturais, ampliação do número de vagas e aperfeiçoamento das políticas de segurança. Além disso, o governo tem desenvolvido ações voltadas para a ressocialização dos presos, oferecendo oportunidades de trabalho e estudo, bem como programas de acompanhamento e assistência social. Essas medidas são fundamentais para que os detentos possam se reintegrar à sociedade de forma produtiva e responsável, contribuindo para a redução da criminalidade e do tráfico de drogas e armas no país.

7.2. A implementação de políticas de segurança pública eficientes

A gestão Bolsonaro tem como um de seus pilares a implementação de políticas de segurança pública eficientes, visando combater a violência urbana e garantir a proteção dos cidadãos. Para isso, várias medidas têm sido adotadas, tanto em nível federal quanto em parceria com os governos estaduais e municipais. Algumas das ações mais significativas incluem:

7.2.1. Integração das forças de segurança

A integração das forças de segurança, envolvendo as polícias Federal, Rodoviária Federal, Militar e Civil, bem como o Corpo de Bombeiros e a Força Nacional, tem sido fundamental para aprimorar a atuação desses órgãos e aumentar a eficiência das operações de combate ao crime. Essa cooperação permite uma troca mais ágil de informações e recursos, otimizando as ações de inteligência e investigação e facilitando a realização de operações conjuntas.

7.2.2. Investimento em tecnologia e inteligência

O governo Bolsonaro tem investido em tecnologia e inteligência como ferramentas fundamentais no combate à criminalidade. A adoção de sistemas de monitoramento, como câmeras de vigilância e reconhecimento facial, e a modernização dos equipamentos e veículos utilizados pelas forças de segurança têm contribuído para aumentar a eficácia das ações de prevenção e repressão ao crime. Além disso, o investimento em capacitação e treinamento dos profissionais de segurança pública possibilita o desenvolvimento de novas técnicas e estratégias para enfrentar os desafios impostos pela violência urbana.

7.2.3. Políticas de prevenção e enfrentamento à violência doméstica

A violência doméstica é uma preocupação constante do governo Bolsonaro, que tem implementado políticas de prevenção e enfrentamento a esse problema. A criação de delegacias especializadas no atendimento às vítimas, a ampliação dos serviços de acolhimento e proteção e a realização de campanhas de conscientização são algumas das iniciativas adotadas para combater a violência doméstica e garantir o amparo às pessoas afetadas por essa realidade.

7.2.4. Valorização dos profissionais de segurança pública

A valorização dos profissionais de segurança pública é uma das principais medidas adotadas pelo governo Bolsonaro para fortalecer o combate à criminalidade. Isso inclui a melhoria das condições de trabalho, o aumento dos salários e benefícios, a promoção de capacitação e treinamento e o reconhecimento da importância desses profissionais para a manutenção da ordem e a garantia da segurança da população. Essa valorização contribui para aumentar a motivação e a eficiência dos profissionais de segurança pública, melhorando a qualidade dos serviços prestados à sociedade.

7.2.5. Participação comunitária na segurança pública

A participação comunitária na segurança pública é outra estratégia adotada pelo governo Bolsonaro para enfrentar a violência urbana. Por meio de programas e iniciativas que incentivam a colaboração entre a população e as forças de segurança, busca-se criar um ambiente de cooperação e confiança mútua. Dessa forma, a comunidade se torna uma aliada importante no combate ao crime e na promoção da segurança.

7.2.6. Política de enfrentamento ao crime organizado

O combate ao crime organizado é uma das prioridades do governo Bolsonaro, que tem se empenhado em desarticular facções criminosas e enfraquecer suas estruturas. Para isso, tem sido adotada uma abordagem que envolve a cooperação entre as diferentes forças de segurança e a criação de forças-tarefa especializadas no combate a essas organizações. A estratégia inclui também ações de bloqueio de recursos financeiros e a identificação e punição de agentes públicos que possam estar envolvidos com o crime organizado.

7.2.7. Ações de prevenção e ressocialização

O governo Bolsonaro tem buscado desenvolver políticas de prevenção e ressocialização, com o objetivo de reduzir a reincidência criminal e oferecer oportunidades de reinserção social aos indivíduos que cumpriram suas penas. Essas ações envolvem a oferta de programas de capacitação profissional, apoio psicossocial e atividades culturais e esportivas, que contribuem para a formação cidadã e a construção de uma vida digna e produtiva.

Ao longo de seu mandato, o presidente Jair Bolsonaro tem demonstrado seu compromisso com a segurança pública, adotando medidas eficientes para enfrentar os desafios impostos pela violência urbana e pelo crime organizado. Essas ações refletem a preocupação do governo em garantir a proteção dos cidadãos e promover um ambiente seguro e harmonioso para todos.

7.3. O endurecimento das leis penais e a redução da impunidade

7.3.1. O Pacote Anticrime e as mudanças legislativas

O Pacote Anticrime, proposto pelo Ministro da Justiça e Segurança Pública, Sergio Moro, e sancionado pelo presidente Jair Bolsonaro, buscou modificar e aprimorar a legislação penal e processual penal brasileira. As alterações propostas visavam tornar as leis mais rígidas, fortalecendo o combate ao crime organizado, à corrupção e à violência. Dentre as principais mudanças, estão o aumento do tempo máximo de cumprimento de pena, a ampliação das hipóteses de legítima defesa e a prisão após condenação em segunda instância.

A implementação do Pacote Anticrime trouxe avanços significativos na luta contra a impunidade e contribuiu para o aumento da efetividade do sistema penal brasileiro. Ao endurecer as leis e aprimorar os instrumentos de combate ao crime, o governo Bolsonaro demonstra seu compromisso com a segurança pública e a promoção da justiça.

7.3.2. O combate à corrupção e a responsabilização de agentes públicos

O combate à corrupção é um dos pilares da política de segurança pública do governo Bolsonaro. Através da criação de forças-tarefa especializadas e da cooperação entre os órgãos de investigação e controle, o governo tem buscado identificar e punir os responsáveis por atos de corrupção e desvio de recursos públicos.

A responsabilização de agentes públicos é fundamental para a construção de uma cultura de integridade e transparência no setor público. Ao punir exemplarmente os envolvidos em casos de corrupção, o governo Bolsonaro busca desestimular a prática de atos ilícitos e demonstrar que a impunidade não será tolerada.

7.3.3. O fortalecimento do sistema penitenciário e a redução da reincidência criminal

O governo Bolsonaro tem trabalhado para fortalecer o sistema penitenciário brasileiro e reduzir a reincidência criminal. Para isso, tem investido na construção de novas penitenciárias e na modernização das unidades prisionais existentes, garantindo melhores condições de segurança e infraestrutura.

Além disso, o governo tem desenvolvido políticas de ressocialização, oferecendo aos detentos programas de capacitação profissional e atividades culturais e esportivas. Essas ações visam proporcionar aos indivíduos que cumpriram suas penas uma oportunidade de reinserção social, evitando a volta ao mundo do crime e contribuindo para a redução dos índices de criminalidade.

7.3.4. A ampliação do uso de tecnologias no combate ao crime

O governo Bolsonaro tem investido na ampliação do uso de tecnologias para aprimorar o combate ao crime e reduzir a impunidade. A implementação de sistemas de monitoramento por câmeras, a utilização de softwares de inteligência e a cooperação internacional na troca de informações e experiências são exemplos de iniciativas que têm contribuído para a melhoria da eficiência das ações de segurança pública.

A utilização de tecnologia no combate ao crime permite uma atuação mais precisa e rápida das forças de segurança, além de facilitar a identificação e a punição dos criminosos. O investimento em inovação e tecnologia é uma das estratégias do governo Bolsonaro para tornar o combate ao crime mais efetivo e garantir a segurança da população.

7.3.5. A conscientização da sociedade e a promoção da cultura da legalidade

O governo Bolsonaro entende que a luta contra a impunidade e o crime deve envolver a participação de toda a sociedade. Para isso, tem promovido campanhas de conscientização e ações educativas que buscam disseminar a cultura da legalidade e do respeito às leis.

A educação e a conscientização são fundamentais para a construção de uma sociedade mais justa e segura. Ao promover ações que visam informar e sensibilizar a população sobre a importância do cumprimento das leis e do combate à impunidade, o governo Bolsonaro busca criar um ambiente propício à cooperação entre a sociedade e as instituições de segurança pública, fortalecendo a luta contra o crime.

Capítulo 8 - Política Externa: Fortalecendo Laços com Aliados Estratégicos

A política externa é um dos aspectos mais importantes de qualquer governo. A forma como um país se relaciona com outras nações e com instituições internacionais pode ter um impacto significativo em sua economia, segurança e desenvolvimento. No governo Bolsonaro, a política externa tem sido marcada por um posicionamento firme e pragmático, pautado pela defesa dos interesses nacionais e pela busca de parcerias estratégicas que possam contribuir para o fortalecimento do Brasil no cenário internacional.

A eleição de Jair Bolsonaro representou uma mudança na postura diplomática do Brasil. O presidente, desde o início de seu mandato, deixou claro que sua prioridade seria estabelecer relações sólidas com países que compartilham dos mesmos valores e princípios defendidos pelo seu governo, como a defesa da democracia, da soberania nacional e do livre mercado. Essa abordagem, segundo o presidente, tem o objetivo de fortalecer o país e garantir que seus interesses sejam devidamente respeitados no âmbito internacional.

Nesse sentido, o governo Bolsonaro tem buscado estreitar laços com nações que possuem uma visão similar em termos de política externa. Os Estados Unidos, sob a liderança de Donald Trump, e Israel, com o primeiro-ministro Benjamin Netanyahu, são dois exemplos de parceiros estratégicos que têm sido priorizados na agenda diplomática brasileira. A aproximação com esses países tem possibilitado a realização de acordos comerciais, investimentos e cooperação em áreas como tecnologia, segurança e defesa.

Além disso, o Brasil tem se mostrado um ator ativo na defesa de um sistema internacional baseado em regras e no respeito à soberania dos Estados. O governo Bolsonaro tem se posicionado de forma crítica em relação a regimes autoritários e violadores dos direitos humanos, como o governo da Venezuela, liderado por Nicolás Maduro. Essa postura tem sido reconhecida e elogiada por diversos líderes mundiais, que veem no Brasil um importante aliado na defesa dos valores democráticos e da liberdade.

Outro aspecto importante da política externa do governo Bolsonaro é a busca por diversificação das relações comerciais do Brasil. O país tem se empenhado em estabelecer acordos comerciais com diferentes nações e blocos econômicos, visando reduzir a dependência em relação a um número reduzido de parceiros comerciais e fomentar o crescimento e a competitividade da economia nacional. A assinatura de acordos comerciais com a União Europeia e os países da Ásia-Pacífico são exemplos dessa estratégia.

O fortalecimento dos laços com aliados estratégicos também tem sido uma prioridade no âmbito regional. O governo Bolsonaro tem trabalhado para revitalizar o Mercosul e estreitar a cooperação com os países da América Latina, com o objetivo de fomentar a integração regional e promover o desenvolvimento conjunto. A valorização da diplomacia regional é vista como fundamental para garantir a estabilidade política e a prosperidade econômica na América do Sul

Ao longo deste capítulo, serão abordados os principais aspectos da política externa do governo Bolsonaro, destacando as ações e iniciativas que têm como objetivo fortalecer os laços com aliados estratégicos e garantir a defesa dos interesses do Brasil no cenário internacional. Serão analisados os principais parceiros do país, as mudanças nas prioridades diplomáticas e os resultados alcançados até o momento.

A abordagem pragmática e assertiva adotada pelo governo Bolsonaro na política externa tem sido fundamental para reposicionar o Brasil no cenário internacional e garantir que os interesses nacionais sejam devidamente considerados nas negociações e acordos internacionais. Através do estreitamento de laços com parceiros estratégicos e da defesa intransigente dos valores democráticos e do livre mercado, o Brasil tem se consolidado como um importante ator no sistema internacional e demonstrado sua capacidade de contribuir para a construção de um mundo mais justo, seguro e próspero.

Essa introdução ao capítulo 8 serve como base para a discussão aprofundada dos tópicos que serão abordados, demonstrando a importância da política externa do governo Bolsonaro e sua atuação na busca por alianças estratégicas que beneficiem o país em diferentes aspectos. A análise dos principais parceiros do Brasil, assim como das prioridades diplomáticas estabelecidas, permitirá uma melhor compreensão da estratégia adotada e dos resultados alcançados até o momento.

8.1. A aproximação com os Estados Unidos e Israel

A aproximação com os Estados Unidos e Israel é um dos principais pilares da política externa do governo Bolsonaro. Essa estratégia tem como objetivo estreitar laços com países que compartilham valores comuns, como a defesa da democracia e a luta contra o terrorismo, além de buscar oportunidades de cooperação em áreas como tecnologia, segurança e comércio.

8.1.1. Relação com os Estados Unidos

A relação entre o Brasil e os Estados Unidos sempre foi marcada por altos e baixos, mas durante o governo Bolsonaro houve uma aproximação significativa entre os dois países. Essa aproximação tem como base o alinhamento ideológico e a admiração mútua entre os líderes, que se traduzem em uma série de acordos e iniciativas conjuntas.

Algumas das ações concretas dessa aproximação incluem:

A designação do Brasil como aliado prioritário extra-OTAN dos Estados Unidos, o que facilita a cooperação em áreas de defesa e segurança;

- A celebração de acordos comerciais e de investimento, como o Acordo de Comércio e Cooperação Econômica (ATEC);

- A colaboração em áreas como ciência, tecnologia e inovação, com destaque para a parceria no setor espacial e a adesão do Brasil à Artemis Accords, iniciativa liderada pelos Estados Unidos para a exploração pacífica do espaço.

8.1.2. Relação com Israel

A aproximação entre Brasil e Israel também se intensificou durante o governo Bolsonaro, com a visita do presidente brasileiro ao país em 2019 e a abertura de um escritório de negócios em Jerusalém, sinalizando o interesse em estreitar os laços comerciais e diplomáticos.

A cooperação entre os dois países tem se desenvolvido em várias frentes, incluindo:

- Acordos de cooperação em áreas como defesa, segurança, agricultura e tecnologia;

- A participação de empresas israelenses em projetos de infraestrutura no Brasil, como a construção de usinas hidrelétricas e a modernização de aeroportos;

- A troca de experiências e conhecimentos no combate ao terrorismo e na segurança pública, com destaque para a atuação das forças especiais israelenses em operações conjuntas no Brasil.

Essas aproximações com os Estados Unidos e Israel demonstram o compromisso do governo Bolsonaro em buscar alianças estratégicas que fortaleçam a posição do Brasil no cenário internacional e promovam o desenvolvimento do país em diversas áreas.

8.2. O realinhamento das relações comerciais e políticas

O realinhamento das relações comerciais e políticas do Brasil é outro aspecto importante da política externa do governo Bolsonaro. Essa estratégia visa diversificar e fortalecer as parcerias internacionais, buscando oportunidades de cooperação e investimento que beneficiem o desenvolvimento econômico e social do país.

8.2.1. O papel do Mercosul

O Mercosul, bloco econômico formado por Brasil, Argentina, Paraguai e Uruguai, é uma das prioridades no realinhamento das relações comerciais do Brasil. Durante o governo Bolsonaro, o Brasil tem defendido a modernização do bloco e a busca por acordos de livre-comércio com outros países e regiões, como a União Europeia e a EFTA (Associação Europeia de Livre Comércio).

8.2.2. Acordos bilaterais e regionais

Além do Mercosul, o Brasil tem buscado estabelecer acordos bilaterais e regionais com outros parceiros estratégicos, como os Estados Unidos, Israel, Japão, Coreia do Sul e países do Oriente Médio. Esses acordos têm como objetivo aumentar o fluxo de comércio e investimentos, promovendo a diversificação das relações econômicas e a criação de empregos no Brasil.

8.2.3. A participação em organismos internacionais

A participação em organismos internacionais também é fundamental para o realinhamento das relações políticas do Brasil. O governo Bolsonaro tem buscado ampliar a presença do país em fóruns e organizações globais, como a Organização Mundial do Comércio (OMC), a Organização das Nações Unidas (ONU) e o G20, reforçando o compromisso do Brasil com a cooperação multilateral e a solução pacífica de conflitos.

8.2.4. A defesa da soberania e dos interesses nacionais

O realinhamento das relações comerciais e políticas do Brasil também envolve a defesa da soberania e dos interesses nacionais no cenário internacional. O governo Bolsonaro tem sido firme na proteção dos recursos naturais e na promoção dos valores e princípios que norteiam a política externa brasileira, como a democracia, os direitos humanos e a busca pelo desenvolvimento sustentável.

Em resumo, o realinhamento das relações comerciais e políticas do Brasil no governo Bolsonaro tem como objetivo fortalecer as parcerias internacionais e buscar oportunidades de cooperação que beneficiem o país. Essa estratégia está alinhada com os objetivos de desenvolvimento econômico e social, bem como a defesa dos interesses e da soberania nacional.

8.3. A defesa da soberania nacional no cenário global

A defesa da soberania nacional é um dos pilares da política externa do governo Bolsonaro. Para isso, o Brasil tem atuado de forma firme e estratégica no cenário internacional, buscando proteger seus interesses, recursos e valores.

8.3.1. Proteção das fronteiras e do território

A proteção das fronteiras e do território brasileiro é um aspecto essencial na defesa da soberania nacional. O governo Bolsonaro tem investido em ações de vigilância e controle das fronteiras, atuando em conjunto com as Forças Armadas e outros órgãos de segurança. Essas ações visam combater o tráfico de drogas, de armas e a entrada ilegal de estrangeiros, garantindo a integridade do território nacional.

8.3.2. Fortalecimento das Forças Armadas

O fortalecimento das Forças Armadas é uma prioridade para o governo Bolsonaro na defesa da soberania nacional. Com investimentos em modernização e capacitação dos militares, o Brasil busca garantir sua capacidade de atuar em cenários complexos e proteger seus interesses no cenário global. Além disso, as Forças Armadas têm desempenhado um papel importante em ações humanitárias e de apoio à população, como no combate a desastres naturais e pandemias.

8.3.3. Valorização da Amazônia e dos recursos naturais

A valorização da Amazônia e dos recursos naturais do Brasil é outro aspecto importante na defesa da soberania nacional. O governo Bolsonaro tem atuado de forma incisiva na proteção e promoção do desenvolvimento sustentável da região, combatendo o desmatamento e a exploração ilegal de recursos. Além disso, o governo tem buscado o fortalecimento da cooperação internacional na área ambiental, defendendo a soberania brasileira sobre seus recursos e a promoção de políticas que beneficiem as comunidades locais.

8.3.4. Promoção da autossuficiência energética e tecnológica

A promoção da autossuficiência energética e tecnológica é um objetivo estratégico do governo Bolsonaro na defesa da soberania nacional. Investindo em pesquisa e desenvolvimento, o Brasil busca garantir sua independência em setores estratégicos, como energia, comunicações e defesa. Essa estratégia visa reduzir a dependência externa e aumentar a capacidade do país de responder a ameaças e desafios globais.

8.3.5. Diplomacia assertiva e defesa dos interesses brasileiros

A diplomacia assertiva e a defesa dos interesses brasileiros são fundamentais para a proteção da soberania nacional no cenário global. O governo Bolsonaro tem atuado de forma proativa e firme na defesa dos interesses do Brasil em fóruns internacionais e em suas relações bilaterais e multilaterais. Essa postura diplomática busca garantir o respeito à soberania brasileira e a promoção de políticas que beneficiem o país e seus cidadãos.

Em resumo, a defesa da soberania nacional no cenário global é uma prioridade do governo Bolsonaro. Com ações que visam a proteção das fronteiras e do território, o fortalecimento das Forças Armadas, a valorização da Amazônia e dos recursos naturais, a promoção da autossuficiência energética e tecnológica e uma diplomacia assertiva, o Brasil busca assegurar sua soberania e proteger seus interesses no cenário internacional. Ao mesmo tempo, essas ações contribuem para o fortalecimento da posição do país no mundo e para a consolidação de parcerias estratégicas que favoreçam o desenvolvimento e a prosperidade do Brasil.

Capítulo 9 – Educação: Resgatando Valores e Combatendo a Doutrinação

A educação é um pilar fundamental para o desenvolvimento de uma nação, pois é através dela que se formam cidadãos conscientes, responsáveis e capazes de contribuir para a construção de um país melhor. Nesse contexto, é necessário compreender a importância de uma educação pautada em valores e princípios sólidos, que possam garantir a formação de indivíduos aptos a enfrentar os desafios da vida em sociedade. O governo Bolsonaro, desde o início de seu mandato, tem se preocupado em resgatar esses valores e combater a doutrinação ideológica presente no sistema educacional brasileiro, com o objetivo de garantir uma educação de qualidade e livre de influências políticas e partidárias.

A educação brasileira tem enfrentado, há décadas, diversos problemas estruturais que impactam diretamente a qualidade do ensino oferecido aos alunos. Um desses problemas é a chamada "doutrinação" ideológica, que ocorre quando professores e instituições de ensino impõem aos alunos uma visão política específica, muitas vezes contrária aos valores e princípios defendidos pela família e pela sociedade. Essa prática tem sido criticada por muitos especialistas e cidadãos, que acreditam que a escola deve ser um ambiente neutro e propício ao debate e ao desenvolvimento do pensamento crítico, sem favorecer nenhuma corrente ideológica específica.

Nesse sentido, o governo Bolsonaro tem se mostrado comprometido em combater a doutrinação ideológica no sistema educacional brasileiro, buscando implementar políticas públicas que garantam a neutralidade das escolas e a livre manifestação do pensamento dos alunos e professores. Além disso, a atual gestão tem buscado valorizar e resgatar os valores morais, éticos e cívicos que foram sendo perdidos ao longo do tempo, como o respeito à autoridade, a importância do trabalho e o amor à pátria.

Um dos principais objetivos do governo Bolsonaro é melhorar a qualidade da educação básica no país, que é o alicerce para o desenvolvimento de toda a população. Para isso, tem sido investido em capacitação de professores, modernização das escolas, implementação de currículos atualizados e com enfoque no desenvolvimento de competências e habilidades fundamentais para o século XXI, além de uma maior participação das famílias na educação dos filhos.

A valorização dos professores também é um aspecto essencial para o resgate da qualidade da educação brasileira. O governo Bolsonaro tem trabalhado para garantir melhores salários e condições de trabalho para esses profissionais, reconhecendo a importância do seu papel na formação dos cidadãos e no desenvolvimento do país.

Outra medida que merece destaque é a ampliação do acesso à educação de qualidade para todos os brasileiros, independentemente de sua condição socioeconômica. O governo tem investido em programas de bolsas de estudo, financiamento estudantil e expansão das vagas em universidades e institutos federais, garantindo que mais pessoas possam ter a oportunidade de se qualificar e ingressar no mercado de trabalho

O combate à doutrinação ideológica e o resgate dos valores e princípios que norteiam a sociedade são fundamentais para garantir um futuro mais promissor para o Brasil. O governo Bolsonaro entende essa necessidade e tem se esforçado para promover uma educação mais justa, equilibrada e, acima de tudo, comprometida com a formação integral dos cidadãos brasileiros.

A criação de políticas e programas que estimulem a inovação, a pesquisa e a tecnologia na educação também é um dos pilares do projeto educacional do governo Bolsonaro. Essas iniciativas visam preparar os jovens para enfrentar os desafios do mundo contemporâneo e impulsionar o crescimento econômico do país, por meio da formação de mão de obra qualificada e do desenvolvimento de novas tecnologias e soluções.

A defesa da autonomia e da liberdade de ensino nas instituições de educação superior é outro aspecto relevante das políticas educacionais do governo Bolsonaro. Ao mesmo tempo, é necessário promover um ambiente acadêmico que respeite e valorize a diversidade de pensamento e que incentive o diálogo e a troca de ideias, sem imposições ideológicas ou perseguição àqueles que pensam diferente.

O resgate dos valores patrióticos e cívicos, como o respeito à bandeira e ao hino nacional, é uma medida importante para fortalecer a identidade nacional e promover a coesão social. O governo Bolsonaro tem incentivado a realização de cerimônias e atividades cívicas nas escolas, contribuindo para a formação de uma consciência crítica e engajada nos alunos.

Por fim, é essencial destacar o compromisso do governo Bolsonaro em garantir a inclusão e a equidade na educação, oferecendo oportunidades iguais para todos os alunos, independentemente de suas origens, crenças ou condições socioeconômicas. A adoção de políticas afirmativas, a promoção da acessibilidade nas escolas e a valorização da diversidade cultural são medidas fundamentais para construir uma educação mais inclusiva e justa

Em suma, a luta pela valorização da educação, o resgate dos valores e o combate à doutrinação ideológica são bandeiras importantes do governo Bolsonaro. O enfrentamento dessas questões é fundamental para garantir um futuro mais promissor para o Brasil e para formar cidadãos conscientes, éticos e comprometidos com a construção de um país mais justo e desenvolvido.

9.1. A reforma educacional e a Base Nacional Comum Curricular

9.1.1. A implementação da BNCC

A Base Nacional Comum Curricular (BNCC) é uma iniciativa que visa estabelecer um conjunto de diretrizes comuns para o ensino no Brasil. Sob o governo Bolsonaro, a BNCC passou a ser implementada em todas as escolas do país, estabelecendo padrões mínimos de aprendizado e garantindo que os estudantes de todas as regiões tenham acesso a um ensino de qualidade. Com isso, busca-se reduzir as desigualdades educacionais e promover uma formação mais sólida para os alunos.

9.1.2. O combate à doutrinação ideológica

Um dos objetivos do governo Bolsonaro é combater a doutrinação ideológica nas escolas. Através da implementação da BNCC e do fortalecimento das diretrizes educacionais, o governo busca eliminar a influência de ideologias políticas no ensino e garantir que os estudantes sejam expostos a diferentes visões de mundo, possibilitando um aprendizado mais plural e crítico.

9.1.3. A valorização do ensino técnico e profissional

A reforma educacional promovida pelo governo Bolsonaro também inclui a valorização do ensino técnico e profissional. Acreditando no potencial dessa modalidade de ensino para formar profissionais qualificados e impulsionar o desenvolvimento econômico do país, o governo tem investido em programas de expansão e aprimoramento das escolas técnicas e profissionalizantes.

9.1.4. A promoção da meritocracia

Um dos pilares da reforma educacional é a promoção da meritocracia. O governo Bolsonaro acredita que, ao premiar e valorizar o mérito dos estudantes e professores, é possível estimular a dedicação, a excelência e a competitividade no ambiente escolar. Para isso, foram implementadas políticas de bonificação e reconhecimento dos profissionais da educação que se destacam em suas áreas de atuação.

9.1.5. A busca pela eficiência na gestão da educação

Outro aspecto fundamental da reforma educacional é a busca por uma gestão mais eficiente dos recursos destinados à educação. O governo Bolsonaro tem trabalhado para otimizar os investimentos na área, priorizando ações que realmente gerem impactos positivos na aprendizagem dos estudantes e na qualidade do ensino. Além disso, o governo tem estimulado a adoção de práticas de gestão mais modernas e eficientes nas escolas e instituições de ensino superior.

9.2. O combate à ideologização nas escolas e universidades

9.2.1. Identificando a presença da ideologização

O primeiro passo para combater a ideologização nas escolas e universidades é identificar a presença de doutrinação ideológica no ambiente educacional. O governo Bolsonaro tem incentivado a denúncia de casos de doutrinação por parte de pais, alunos e educadores, para que seja possível investigar e agir de forma efetiva contra esse problema.

9.2.2. Capacitação e orientação dos educadores

Para combater a ideologização, é fundamental que os educadores estejam devidamente capacitados e orientados a respeito de suas responsabilidades no processo educacional. O governo Bolsonaro tem investido em programas de formação e aprimoramento dos profissionais da educação, com o objetivo de conscientizá-los sobre a importância de manter a imparcialidade e promover o pluralismo de ideias em sala de aula.

O combate à ideologização passa também pelo estímulo ao pensamento crítico e à diversidade de opiniões entre os estudantes. O governo Bolsonaro tem incentivado a adoção de metodologias de ensino que favoreçam o debate, a reflexão e a construção do conhecimento de forma coletiva, possibilitando que os alunos desenvolvam habilidades de análise e argumentação.

9.2.4. Implementação de políticas de neutralidade ideológica

A fim de garantir um ambiente educacional livre de influências ideológicas, o governo Bolsonaro tem trabalhado na implementação de políticas de neutralidade ideológica nas escolas e universidades. Essas políticas buscam assegurar que os conteúdos abordados em sala de aula sejam baseados em fatos e evidências científicas, e não em opiniões pessoais ou partidárias dos educadores.

9.2.5. Acompanhamento e fiscalização das instituições de ensino

Por fim, o combate à ideologização nas escolas e universidades envolve também o acompanhamento e a fiscalização das instituições de ensino por parte do governo. Esse monitoramento visa garantir que as diretrizes e políticas educacionais sejam cumpridas e que o ambiente escolar esteja de acordo com os princípios de imparcialidade e pluralismo de ideias.

9.3. Valorização dos professores e a busca pela qualidade no ensino

9.3.1. Melhoria das condições de trabalho dos professores

A valorização dos professores começa pela melhoria das condições de trabalho, proporcionando um ambiente adequado, com recursos e infraestrutura necessários para o desenvolvimento das atividades educacionais. O governo Bolsonaro tem se empenhado em garantir investimentos para aprimorar as escolas e universidades, buscando elevar a qualidade do ensino oferecido aos estudantes.

9.3.2. Revisão da política salarial

Um dos principais aspectos para a valorização dos professores é a revisão da política salarial. O governo Bolsonaro tem trabalhado para proporcionar remuneração justa e condizente com a importância desses profissionais, considerando o impacto de seu trabalho na formação dos cidadãos e no desenvolvimento do país.

9.3.3. Capacitação e desenvolvimento profissional

O investimento na capacitação e no desenvolvimento profissional dos educadores é fundamental para elevar a qualidade do ensino. O governo Bolsonaro tem promovido a criação de programas de formação continuada, especializações e cursos voltados aos profissionais da educação, com o objetivo de aprimorar suas habilidades pedagógicas e atualizar seus conhecimentos.

9.3.4. Reconhecimento e premiação por desempenho

Outra forma de valorizar os professores é por meio do reconhecimento e premiação por desempenho. O governo Bolsonaro tem incentivado a criação de sistemas de avaliação e métricas de desempenho que permitam identificar e premiar os educadores que se destacam em sua atuação, estimulando a busca pela excelência no ensino.

9.3.5. Promoção da autonomia e da participação dos professores nas decisões educacionais

Por fim, a valorização dos professores passa pela promoção de sua autonomia e participação nas decisões educacionais. O governo Bolsonaro tem incentivado a criação de canais de comunicação e espaços de diálogo entre os educadores e as instâncias responsáveis pela formulação e implementação das políticas públicas na área da educação, garantindo que a voz dos professores seja ouvida e considerada nesses processos.

Capítulo 10 - A Defesa da Família e dos Valores Tradicionais

A ascensão de Jair Bolsonaro à presidência do Brasil trouxe consigo uma renovada ênfase na defesa da família e dos valores tradicionais. Essa postura é vista como um contraponto ao avanço do pensamento progressista e à desconstrução de conceitos que, para muitos, são a base da sociedade brasileira. Neste capítulo, abordaremos as iniciativas e as políticas do governo Bolsonaro voltadas à valorização da família e à preservação dos valores tradicionais.

A família é considerada a célula fundamental da sociedade e é nela que se formam as bases para a construção de um país mais justo e próspero. Bolsonaro e seus apoiadores entendem que, nos últimos anos, a instituição familiar tem sido alvo de ataques e tentativas de desestruturação por parte de grupos e ideologias que buscam subverter a ordem social e os princípios que norteiam a convivência humana.

Nesse sentido, o governo Bolsonaro tem se empenhado em promover ações e políticas que visam proteger e fortalecer a família, entendendo que é a partir dela que se constrói uma sociedade coesa e próspera. Dentre as medidas adotadas, destacam-se a promoção de políticas públicas que favoreçam a geração de empregos e a melhoria das condições de vida das famílias, a luta contra o tráfico de drogas e o crime organizado, que tanto afetam a segurança e a estabilidade familiar, e a defesa de valores morais e éticos que sustentam a instituição familiar.

Além disso, o governo Bolsonaro tem se posicionado contra a imposição de agendas progressistas que, segundo seus apoiadores, ameaçam os valores tradicionais e a integridade da família. Nesse contexto, a atuação do governo tem sido marcada pela resistência a pautas que promovam a desconstrução de conceitos e valores relacionados à família e à moralidade, bem como pela promoção de políticas educacionais que respeitem a diversidade de pensamentos e crenças.

A defesa dos valores tradicionais tem sido outra bandeira levantada por Bolsonaro e seu governo. Entendendo que a preservação desses valores é fundamental para a manutenção da identidade nacional e da coesão social, o presidente tem se manifestado publicamente contra movimentos e ideologias que buscam subverter e relativizar tais valores. Dentre as ações nesse sentido, destacam-se a promoção do patriotismo e do respeito aos símbolos nacionais, a valorização da história e das tradições culturais do Brasil, e o incentivo ao respeito à autoridade e à hierarquia.

Neste capítulo, analisaremos as iniciativas e as políticas do governo Bolsonaro na defesa da família e dos valores tradicionais, abordando temas como a valorização do casamento, o respeito à liberdade religiosa, a promoção de políticas de apoio à maternidade e paternidade, o combate à pornografia e à exploração sexual, e a luta contra a doutrinação ideológica nas escolas e universidades.

É importante ressaltar que o tema da defesa da família e dos valores tradicionais é, por natureza, polêmico e divide opiniões. Enquanto alguns setores da sociedade veem essas iniciativas como fundamentais para a preservação da ordem e do bem-estar social, outros argumentam que tais ações podem representar um retrocesso e uma ameaça às liberdades individuais e ao pluralismo cultural.

Dessa forma, ao longo deste capítulo, buscaremos apresentar um panorama completo e equilibrado das ações do governo Bolsonaro nesse sentido, considerando as diversas perspectivas e argumentos que cercam o debate sobre a defesa da família e dos valores tradicionais.

O capítulo será dividido em seções temáticas, que abordarão aspectos específicos da atuação do governo na defesa da família e dos valores tradicionais. Entre os temas que serão discutidos, estão a relação entre a defesa da família e a promoção da igualdade de gênero, o papel do governo na proteção dos direitos das crianças e dos adolescentes, o combate à violência doméstica e à exploração sexual, a promoção de políticas de apoio à maternidade e paternidade responsável, e a valorização do casamento e da família como instituições fundamentais da sociedade.

Além disso, o capítulo também abordará a relação entre a defesa dos valores tradicionais e a promoção da diversidade cultural e do respeito às diferenças. Nesse sentido, discutiremos como o governo Bolsonaro tem lidado com questões relacionadas à liberdade religiosa, à valorização das tradições culturais e à garantia dos direitos das minorias.

Ao final do capítulo, esperamos oferecer ao leitor um panorama abrangente e detalhado das políticas e ações do governo Bolsonaro na defesa da família e dos valores tradicionais, permitindo uma compreensão mais profunda dos desafios e das conquistas alcançadas nessa área ao longo de seu mandato.

10.1. A defesa do conceito de família tradicional

O governo Bolsonaro tem se posicionado fortemente em defesa do conceito de família tradicional, considerando-o como um pilar fundamental para a formação do caráter e dos valores morais da sociedade brasileira. Essa postura tem sido refletida em diversas ações e políticas públicas, buscando valorizar e fortalecer a estrutura familiar.

10.1.1. Políticas públicas voltadas à família tradicional

Dentre as iniciativas do governo, destacam-se políticas públicas direcionadas ao fortalecimento da família tradicional. Essas ações incluem a promoção de programas de capacitação para pais e responsáveis, o incentivo à participação ativa dos pais na vida escolar dos filhos e a criação de políticas de estímulo à geração de emprego e renda para as famílias

10.1.2. Defesa do casamento entre homem e mulher

Outra ação que evidencia a defesa do conceito de família tradicional é o posicionamento do governo Bolsonaro em relação ao casamento. A gestão tem defendido publicamente o casamento como uma instituição que deve ser preservada entre homem e mulher, argumentando que essa união é a base para a formação de uma família saudável e estável.

10.1.3. Valorização da maternidade e paternidade responsável

O governo também tem enfatizado a importância da maternidade e da paternidade responsável. Ações como o incentivo à ampliação da licença-maternidade e a implementação de políticas de apoio aos pais no cuidado com os filhos reforçam essa postura, destacando a responsabilidade dos adultos na formação e no desenvolvimento de crianças e adolescentes.

10.1.4. Enfrentamento à ideologia de gênero

Uma das principais bandeiras do governo Bolsonaro é o combate à chamada "ideologia de gênero". A gestão tem se posicionado contra a inclusão dessa temática nos currículos escolares e nas políticas públicas, argumentando que ela contraria os valores da família tradicional e pode influenciar negativamente a formação das crianças e dos jovens.

10.1.5. A importância da religião e dos valores morais

Por fim, o governo Bolsonaro tem destacado a importância da religião e dos valores morais na formação do indivíduo e na preservação da família tradicional. Essa postura se reflete no incentivo à participação das instituições religiosas no debate público e na formulação de políticas que reforcem a moralidade e os princípios éticos na sociedade.

Em suma, a defesa do conceito de família tradicional tem sido uma das principais bandeiras do governo Bolsonaro, refletindo-se em diversas ações e políticas públicas que buscam valorizar e fortalecer essa instituição como base para a formação dos valores morais e do caráter dos indivíduos na sociedade brasileira.

10.2. A luta contra a erotização infantil e a ideologia de gênero

A preocupação com a erotização precoce de crianças e o combate à chamada "ideologia de gênero" têm sido temas constantes no governo Bolsonaro, com o objetivo de preservar a inocência infantil e fortalecer os valores tradicionais na sociedade brasileira. Essas ações visam garantir um ambiente seguro e saudável para o desenvolvimento das crianças e adolescentes.

10.2.1. Combate à exposição de crianças a conteúdos impróprios

O governo tem se posicionado contra a exposição de crianças a conteúdos impróprios, tanto na televisão quanto na internet. Ações como a fiscalização de programas de TV e a criação de mecanismos de controle parental nos dispositivos eletrônicos buscam garantir que os menores de idade não tenham acesso a materiais inadequados para sua faixa etária.

10.2.2. Oposição à ideologia de gênero nas escolas

Outra frente de combate à erotização infantil e à ideologia de gênero é a luta contra a inclusão desses temas nos currículos escolares. O governo Bolsonaro tem defendido que questões relacionadas a gênero e sexualidade devem ser abordadas de maneira adequada e respeitando a idade das crianças, evitando assim a exposição precoce a temas complexos e potencialmente confusos.

10.2.3. Incentivo à educação moral e cívica

Com o objetivo de fortalecer os valores morais e éticos na sociedade, o governo tem incentivado o ensino de disciplinas voltadas à educação moral e cívica nas escolas. A ideia é que os estudantes aprendam desde cedo a importância do respeito às diferenças, dos princípios éticos e dos valores tradicionais, colaborando para a formação de cidadãos conscientes e responsáveis.

10.2.4. Parceria com instituições religiosas e organizações da sociedade civil

O governo Bolsonaro também tem estabelecido parcerias com instituições religiosas e organizações da sociedade civil que compartilham de suas preocupações em relação à erotização infantil e à ideologia de gênero. O objetivo é promover ações conjuntas que reforcem a importância da família, da religião e dos valores morais na formação das crianças e dos jovens.

10.2.5. Criação de políticas públicas de proteção à infância

Por fim, o governo tem se empenhado na criação de políticas públicas voltadas à proteção da infância, buscando garantir um ambiente seguro e propício ao desenvolvimento saudável das crianças e dos adolescentes. Essas ações incluem a promoção da saúde mental e emocional, o combate ao abuso e à exploração sexual e o incentivo ao esporte e à cultura como ferramentas de formação e inclusão social.

Em suma, a luta contra a erotização infantil e a ideologia de gênero tem sido uma das principais preocupações do governo Bolsonaro, refletindo-se em diversas ações e políticas públicas que buscam preservar a inocência das crianças e fortalecer os valores tradicionais na sociedade.

10.3. Promoção da família como base da sociedade

O governo Bolsonaro tem defendido a importância da família como base da sociedade, promovendo políticas e iniciativas que fortaleçam os laços familiares e garantam o bem-estar e a proteção das famílias brasileiras.

10.3.1. Fortalecimento dos vínculos familiares

Para fortalecer os vínculos familiares, o governo tem incentivado a realização de programas e atividades que estimulem o convívio familiar e a comunicação entre pais e filhos. Além disso, busca criar políticas públicas que facilitem a conciliação entre vida profissional e pessoal, possibilitando que os pais estejam mais presentes na vida e na educação de seus filhos.

10.3.2. Apoio às famílias em situação de vulnerabilidade

O governo Bolsonaro também tem voltado sua atenção às famílias em situação de vulnerabilidade social e econômica, promovendo programas de assistência e proteção social que garantam o acesso a direitos básicos como saúde, educação e moradia digna. Essas iniciativas visam melhorar a qualidade de vida das famílias e reduzir as desigualdades sociais no país.

10.3.3. Defesa do direito à vida e dos valores tradicionais

Outra frente de ação do governo é a defesa do direito à vida e dos valores tradicionais, posicionando-se contra o aborto e defendendo o respeito à vida desde a concepção. Além disso, o governo Bolsonaro tem trabalhado para promover ações de conscientização sobre a importância da família e dos valores morais na formação das crianças e dos jovens.

10.3.4. Promoção do casamento e da responsabilidade parental

O governo tem incentivado a promoção do casamento como instituição, enfatizando a importância da união estável e duradoura entre um homem e uma mulher para a formação de uma família. Adicionalmente, busca-se estimular a responsabilidade parental e o compromisso dos pais na educação e no cuidado de seus filhos, garantindo o bem-estar e o desenvolvimento saudável das crianças e dos adolescentes.

10.3.5. Estímulo à participação social e política da família

Por fim, o governo Bolsonaro tem incentivado a participação social e política das famílias, entendendo que a defesa dos valores tradicionais e dos interesses familiares deve ser uma preocupação constante da sociedade e do Estado. Através de políticas públicas e iniciativas de engajamento, busca-se fomentar a participação das famílias na construção de um Brasil mais justo, solidário e respeitador dos valores e princípios morais.

Em resumo, o governo Bolsonaro tem se empenhado na defesa da família e dos valores tradicionais, através de diversas políticas e ações que visam fortalecer os laços familiares, promover a proteção e o bem-estar das famílias brasileiras e garantir a formação de cidadãos conscientes e comprometidos com os princípios éticos e morais que sustentam a sociedade.

10.4. Políticas públicas em prol da vida e da liberdade religiosa

O governo Bolsonaro também tem se empenhado na implementação de políticas públicas que promovam a defesa da vida e a liberdade religiosa, entendendo que esses são direitos fundamentais de todos os brasileiros e que devem ser protegidos e garantidos pelo Estado.

10.4.1. Proteção ao direito à vida

O governo tem se posicionado contra o aborto e a eutanásia, promovendo ações e iniciativas que reforcem o direito à vida desde a concepção até a morte natural. Além disso, investe em políticas de saúde pública que garantam o acesso a cuidados pré-natais e perinatais de qualidade, bem como apoio às gestantes e às mães em situação de vulnerabilidade.

10.4.2. Promoção da liberdade religiosa

O governo Bolsonaro tem atuado na defesa da liberdade religiosa e na garantia do respeito às diversas crenças e tradições religiosas presentes no país. Além de assegurar o direito de cada cidadão professar sua fé e manifestar suas convicções religiosas, o governo promove o diálogo e o respeito mútuo entre as diferentes tradições e comunidades religiosas.

10.4.3. Combate à intolerância religiosa

O combate à intolerância religiosa é outra frente de ação do governo, que tem trabalhado para coibir e punir atos de discriminação e violência motivados por questões religiosas. Através de campanhas de conscientização e ações educativas, busca-se promover a tolerância, o respeito e a convivência pacífica entre os diferentes grupos religiosos.

10.4.4. Inclusão da religião no debate público

O governo Bolsonaro entende que a religião tem um papel fundamental na vida de grande parte da população brasileira e, por isso, deve ser considerada no debate público e na formulação de políticas públicas. Nesse sentido, busca-se incluir líderes religiosos e representantes das diferentes tradições no diálogo sobre temas relevantes para a sociedade, como educação, saúde, segurança e desenvolvimento social.

10.4.5. Fortalecimento das organizações religiosas

Por fim, o governo tem buscado fortalecer as organizações religiosas, reconhecendo a importância de sua atuação na promoção do bem-estar social e na construção de uma sociedade mais justa e solidária. Através de parcerias e apoio a projetos sociais desenvolvidos por instituições religiosas, busca-se estimular a participação dessas organizações na promoção de valores e princípios éticos e morais.

Em suma, o governo Bolsonaro tem se dedicado à implementação de políticas públicas que valorizem a vida e a liberdade religiosa, entendendo que esses são direitos fundamentais que devem ser garantidos e protegidos pelo Estado. Através dessas ações, busca-se promover uma sociedade mais tolerante, respeitosa e comprometida com a defesa dos valores e princípios que sustentam a nação brasileira.

Capítulo 11 - Bolsonaro e o Meio Ambiente: Desenvolvimento Sustentável e Soberania Nacional

A gestão do presidente Jair Bolsonaro tem sido marcada por uma série de avanços e desafios no âmbito ambiental. Desde o início de seu mandato, Bolsonaro tem buscado equilibrar a necessidade de promover o desenvolvimento econômico do país com a preservação dos recursos naturais e a promoção do desenvolvimento sustentável. Esse capítulo tem como objetivo analisar e discutir as principais ações e políticas do governo Bolsonaro na área ambiental, destacando os avanços alcançados e os desafios que ainda precisam ser enfrentados.

O Brasil possui uma enorme riqueza ambiental, sendo detentor da maior biodiversidade do planeta e abrigando alguns dos ecossistemas mais importantes do mundo, como a Amazônia, o Cerrado e a Mata Atlântica. Ao mesmo tempo, o país enfrenta desafios significativos no que diz respeito à preservação desses recursos e ao combate aos problemas ambientais, como o desmatamento, a poluição e a perda de biodiversidade. Nesse contexto, é fundamental que o governo atue de forma responsável e comprometida com a preservação do meio ambiente, sem deixar de lado a necessidade de promover o crescimento econômico e a geração de emprego e renda para a população.

Uma das principais bandeiras do governo Bolsonaro na área ambiental é a defesa da soberania nacional. O presidente entende que o Brasil deve ser o protagonista na gestão de seus recursos naturais e na definição das políticas e estratégias de conservação e desenvolvimento sustentável. Nesse sentido, o governo tem buscado fortalecer a atuação de órgãos e instituições nacionais responsáveis pela fiscalização e controle ambiental, ao mesmo tempo em que rejeita a interferência de organismos e entidades internacionais no que diz respeito à gestão do meio ambiente no país.

Outro ponto importante da política ambiental do governo Bolsonaro é o incentivo ao desenvolvimento sustentável e à exploração responsável dos recursos naturais. O governo entende que é possível conciliar a preservação do meio ambiente com o crescimento econômico e o aproveitamento dos recursos naturais, desde que isso seja feito de forma planejada e sustentável. Para tanto, tem investido em políticas e projetos voltados para a promoção da agricultura sustentável, da silvicultura e do turismo ecológico, entre outras atividades econômicas que possam gerar emprego e renda sem comprometer a integridade dos ecossistemas e a qualidade de vida das populações locais.

No que diz respeito à questão do desmatamento, o governo Bolsonaro tem enfrentado críticas e questionamentos por parte de setores da sociedade e da comunidade internacional. Entretanto, é importante destacar que o governo tem adotado medidas e ações concretas para combater o desmatamento ilegal e promover a recuperação de áreas degradadas, como a criação e o fortalecimento de órgãos de fiscalização ambiental, a implementação de políticas de regularização fundiária e a realização de operações de combate a atividades ilegais na Amazônia e em outras regiões do país. Além disso, o governo tem buscado estabelecer parcerias com o setor privado e com governos estaduais e municipais para a promoção de projetos de conservação e desenvolvimento sustentável em áreas prioritárias.

Outra área em que o governo Bolsonaro tem atuado é na questão das mudanças climáticas. O Brasil é signatário do Acordo de Paris e tem como compromisso a redução das emissões de gases de efeito estufa e a promoção de políticas e ações de adaptação às mudanças climáticas. Nesse sentido, o governo tem investido em projetos e programas voltados para a expansão das fontes de energia renovável, como a energia solar e a energia eólica, bem como na promoção da eficiência energética e na redução do consumo de combustíveis fósseis.

No entanto, é importante ressaltar que a gestão ambiental do governo Bolsonaro também tem enfrentado críticas e desafios. Alguns setores da sociedade e da comunidade internacional apontam para a necessidade de um maior comprometimento do governo na luta contra o desmatamento e na preservação da biodiversidade, bem como na promoção de políticas de desenvolvimento sustentável e de combate às mudanças climáticas.

Diante desse cenário, o governo Bolsonaro tem buscado aprimorar suas políticas e estratégias na área ambiental, buscando equilibrar a necessidade de promover o desenvolvimento econômico do país com a preservação dos recursos naturais e a promoção do desenvolvimento sustentável. O caminho a ser percorrido ainda é longo, mas é fundamental que o governo continue trabalhando no sentido de garantir um futuro mais sustentável e próspero para o Brasil e para as futuras gerações.

Em resumo, este capítulo abordará a atuação do governo Bolsonaro no âmbito do meio ambiente, analisando as principais políticas, ações e estratégias adotadas, bem como os avanços alcançados e os desafios que ainda precisam ser enfrentados. O objetivo é contribuir para uma análise aprofundada e equilibrada das questões ambientais no Brasil, destacando a importância da preservação do meio ambiente e da promoção do desenvolvimento sustentável como elementos centrais para o futuro do país e de sua população.

11.1. A exploração responsável dos recursos naturais

O Brasil é um país dotado de vastos e diversificados recursos naturais, que incluem florestas, rios, minerais e uma rica biodiversidade. A exploração responsável desses recursos é fundamental para o desenvolvimento sustentável do país e para garantir a qualidade de vida das gerações futuras. Nesse sentido, o governo Bolsonaro tem adotado uma série de medidas e políticas voltadas para a gestão sustentável dos recursos naturais, buscando equilibrar a exploração econômica com a preservação ambiental.

11.1.1. O manejo sustentável das florestas

O manejo sustentável das florestas é uma das principais estratégias adotadas pelo governo Bolsonaro para promover a exploração responsável dos recursos naturais. Essa abordagem consiste em utilizar os recursos florestais de maneira equilibrada, de forma a garantir a manutenção da biodiversidade e dos serviços ecossistêmicos, como a regulação do clima e a proteção dos recursos hídricos. O governo tem incentivado o uso de técnicas de manejo sustentável na exploração de madeira e na coleta de produtos não madeireiros, como óleos, resinas e alimentos, promovendo a geração de renda e a conservação das florestas.

11.1.2. A mineração responsável

A mineração é outra atividade econômica de grande importância para o Brasil, sendo responsável por uma parcela significativa das exportações e do PIB do país. O governo Bolsonaro tem defendido a adoção de práticas de mineração responsável, que incluem a realização de estudos de impacto ambiental, o monitoramento dos efeitos da atividade sobre o meio ambiente e a adoção de medidas de mitigação e compensação. Além disso, o governo tem buscado incentivar a formalização dos pequenos mineradores e a capacitação desses profissionais em técnicas de mineração sustentável.

11.1.3. A gestão integrada dos recursos hídricos

Os recursos hídricos são fundamentais para a vida e para a economia do Brasil, sendo utilizados para abastecimento humano, geração de energia, irrigação e indústria. O governo Bolsonaro tem investido na gestão integrada dos recursos hídricos, que visa a promover o uso racional e sustentável da água, considerando as demandas de diferentes setores e usuários. Essa abordagem inclui a elaboração e implementação de planos de bacia hidrográfica, a recuperação de áreas degradadas e a promoção de práticas de uso eficiente da água.

Em suma, a exploração responsável dos recursos naturais é um dos pilares da política ambiental do governo Bolsonaro, que busca conciliar o desenvolvimento econômico do país com a preservação do meio ambiente e a garantia de um futuro sustentável para as gerações futuras. Porém, ainda há desafios a serem enfrentados, como a necessidade de fortalecer os mecanismos de fiscalização e controle ambiental e de promover a conscientização da sociedade sobre a importância da conservação dos recursos naturais.

11.1.4. A promoção da energia renovável e sustentável

A diversificação da matriz energética brasileira tem sido um dos objetivos do governo Bolsonaro, com ênfase na promoção de fontes de energia renovável e sustentável. O Brasil já possui uma matriz energética relativamente limpa, com grande participação de hidrelétricas e outras fontes renováveis, como eólica e solar. O governo tem incentivado a expansão e a modernização dessas fontes, através de políticas públicas e investimentos em pesquisa e desenvolvimento de tecnologias limpas.

11.1.5. A proteção da biodiversidade e o desenvolvimento da biotecnologia

A biodiversidade brasileira é uma das mais ricas e variadas do mundo, sendo um patrimônio natural de grande importância para a ciência, a economia e a cultura do país. O governo Bolsonaro tem implementado políticas de proteção da biodiversidade, como a criação e a gestão de unidades de conservação e a fiscalização do tráfico de espécies silvestres. Além disso, o governo tem fomentado o desenvolvimento da biotecnologia, a partir do uso sustentável da biodiversidade para a produção de medicamentos, cosméticos, alimentos e outros produtos de alto valor agregado.

11.1.6. A cooperação internacional e o combate ao desmatamento ilegal

O governo Bolsonaro tem buscado fortalecer a cooperação internacional na área ambiental, estabelecendo parcerias com outros países e organismos internacionais para a troca de experiências, a capacitação técnica e a mobilização de recursos financeiros para a proteção do meio ambiente. Uma das áreas prioritárias de cooperação tem sido o combate ao desmatamento ilegal, especialmente na Amazônia, onde o governo tem implementado ações de fiscalização e controle, com o apoio de tecnologias de monitoramento e a participação da sociedade civil e das comunidades locais.

Em conclusão, o governo Bolsonaro tem trabalhado para promover a exploração responsável dos recursos naturais e o desenvolvimento sustentável do país, priorizando ações que conciliem a geração de renda e a preservação do meio ambiente. Contudo, é fundamental manter o compromisso com a agenda ambiental e enfrentar os desafios que ainda persistem, a fim de garantir um futuro mais verde e sustentável para o Brasil e para o mundo.

11.2. O desenvolvimento sustentável e a preservação do meio ambiente

11.2.1. A implementação do desenvolvimento sustentável no Brasil

O desenvolvimento sustentável é um conceito que visa harmonizar o crescimento econômico, a inclusão social e a preservação do meio ambiente, de modo a garantir o bem-estar das gerações presentes e futuras. No governo Bolsonaro, a implementação do desenvolvimento sustentável tem sido enfatizada por meio de políticas públicas e ações que promovam a sustentabilidade nas diferentes esferas da sociedade.

11.2.2. O incentivo à agricultura sustentável

A agricultura sustentável é uma das prioridades do governo, uma vez que o setor é fundamental para a economia brasileira e para a garantia da segurança alimentar da população. O governo tem incentivado práticas agrícolas mais sustentáveis, como a adoção de sistemas integrados de produção agropecuária, a recuperação de áreas degradadas e a expansão da agricultura orgânica e de base agroecológica. Além disso, tem investido em pesquisa e capacitação de produtores rurais, com o objetivo de aumentar a produtividade e reduzir o impacto ambiental da atividade agrícola.

11.2.3. A promoção do uso sustentável dos recursos hídricos

A gestão dos recursos hídricos é um tema de grande relevância para o Brasil, que possui uma das maiores reservas de água doce do mundo. O governo Bolsonaro tem adotado medidas para promover o uso sustentável desses recursos, como a implementação de políticas de saneamento básico, a conservação e recuperação das bacias hidrográficas e a promoção do uso racional da água na agricultura, na indústria e no abastecimento urbano.

11.2.4. A gestão sustentável das áreas urbanas

A urbanização acelerada e desordenada tem gerado diversos problemas ambientais e sociais nas cidades brasileiras, como a falta de moradia, a poluição do ar e a degradação dos espaços públicos. O governo Bolsonaro tem buscado promover a gestão sustentável das áreas urbanas, através da elaboração e implementação de políticas de planejamento urbano, transporte público eficiente, coleta e tratamento de resíduos sólidos e promoção de áreas verdes e espaços públicos de qualidade.

11.2.5. A educação ambiental e a conscientização da sociedade

A educação ambiental é fundamental para a formação de uma sociedade mais consciente e comprometida com a preservação do meio ambiente. O governo tem investido na capacitação de educadores, na elaboração de materiais didáticos e na promoção de projetos e campanhas de educação ambiental, visando sensibilizar a população sobre a importância do desenvolvimento sustentável e do cuidado com o meio ambiente.

Em resumo, o governo Bolsonaro tem buscado promover o desenvolvimento sustentável e a preservação do meio ambiente por meio de diversas ações e políticas públicas. No entanto, ainda há desafios a serem enfrentados, e é fundamental que a sociedade brasileira se engaje nesse processo, a fim de garantir um futuro mais próspero, justo e sustentável para todos.

11.3. A soberania brasileira na Amazônia e no cenário internacional

11.3.1. A defesa da soberania na Amazônia

A Amazônia é uma região de importância estratégica para o Brasil, tanto do ponto de vista ambiental quanto econômico. O governo Bolsonaro tem se posicionado firmemente na defesa da soberania brasileira sobre a região, reforçando a necessidade de preservar a integridade territorial e a riqueza natural da Amazônia, ao mesmo tempo em que promove o desenvolvimento econômico sustentável e a melhoria da qualidade de vida das populações locais.

11.3.2. O combate ao desmatamento e à exploração ilegal de recursos

Uma das principais ações do governo na Amazônia é o combate ao desmatamento e à exploração ilegal de recursos naturais. Para isso, têm sido implementadas políticas de fiscalização e controle, como o aumento das operações de combate a crimes ambientais e o fortalecimento dos órgãos de fiscalização. Além disso, o governo tem incentivado ações de conservação e manejo sustentável dos recursos naturais, bem como o desenvolvimento de alternativas econômicas sustentáveis para a região.

11.3.3. A cooperação internacional na Amazônia

O governo Bolsonaro tem buscado estabelecer parcerias internacionais para a preservação e desenvolvimento sustentável da Amazônia, com base no respeito à soberania nacional. Nesse sentido, o Brasil tem dialogado com outros países e organismos internacionais, buscando recursos e cooperação técnica para o fortalecimento das políticas ambientais e o combate ao desmatamento e à exploração ilegal de recursos.

11.3.4. A presença das Forças Armadas na Amazônia

A presença das Forças Armadas na Amazônia é considerada fundamental para a defesa da soberania brasileira e para o combate aos crimes ambientais e ao tráfico de drogas na região. O governo Bolsonaro tem reforçado essa presença, por meio da realização de operações conjuntas e do fortalecimento da infraestrutura e dos recursos humanos das unidades militares na região.

11.3.5. A promoção da imagem do Brasil no cenário internacional

O governo Bolsonaro tem se esforçado para promover a imagem do Brasil no cenário internacional como um país comprometido com a preservação do meio ambiente e com o desenvolvimento sustentável. Para isso, tem sido importante a participação do Brasil em fóruns e eventos internacionais relacionados ao meio ambiente, bem como a articulação de acordos e parcerias com outros países e organismos internacionais.

Em suma, o governo Bolsonaro tem atuado de forma a garantir a soberania brasileira na Amazônia e no cenário internacional, por meio de ações de combate ao desmatamento e à exploração ilegal de recursos, fortalecimento das Forças Armadas, cooperação internacional e promoção da imagem do Brasil como um país comprometido com a preservação do meio ambiente e o desenvolvimento sustentável.

Capítulo 12 - Infraestrutura e Investimentos: O Crescimento do Brasil

A infraestrutura é um pilar fundamental para o desenvolvimento de qualquer país. No Brasil, o governo Bolsonaro tem dado especial atenção ao setor, reconhecendo a importância de um planejamento estratégico e de investimentos para alavancar o crescimento econômico e social do país. Neste capítulo, abordaremos as principais ações e conquistas do governo na área de infraestrutura e investimentos, destacando como esses esforços têm contribuído para o desenvolvimento nacional e o bem-estar da população.

O Brasil é um país de dimensões continentais, com uma complexa malha de transporte e logística que, durante muitos anos, sofreu com a falta de investimentos e de uma gestão eficiente. O governo Bolsonaro, ciente desse desafio, tem buscado promover a modernização e expansão dessa infraestrutura, tanto em termos de transporte terrestre, como rodovias e ferrovias, quanto no setor aeroportuário e portuário.

Além disso, o governo tem investido fortemente no setor energético, buscando diversificar as fontes de energia e promover a expansão das redes elétricas, a fim de garantir maior segurança energética e promover o desenvolvimento sustentável do país. A aposta em energias renováveis, como a solar e eólica, tem sido um dos destaques dessa política, que visa a uma maior autonomia energética e a redução das emissões de gases de efeito estufa.

Para viabilizar esses investimentos em infraestrutura, o governo tem adotado uma série de medidas e políticas que visam a atrair investimentos privados, tanto nacionais quanto internacionais. A realização de leilões e concessões, bem como a flexibilização das regras para a entrada de capital estrangeiro, tem sido fundamentais nesse processo. Essa abordagem tem permitido uma maior eficiência na gestão dos recursos públicos, além de promover maior competitividade e qualidade nos serviços prestados à população.

A expansão da infraestrutura de telecomunicações, especialmente com a implantação do 5G no país, também tem sido uma prioridade para o governo Bolsonaro. A modernização e ampliação dessa rede é fundamental para garantir a inclusão digital e permitir que a população tenha acesso a serviços e informações de qualidade, além de fomentar o desenvolvimento do mercado de tecnologia e inovação no país.

Outro aspecto importante é a promoção do saneamento básico. O governo tem trabalhado para expandir a oferta de serviços de água e esgoto, bem como melhorar a gestão dos resíduos sólidos, visando a proporcionar uma melhor qualidade de vida à população e contribuir para a preservação do meio ambiente. A aprovação do novo marco legal do saneamento básico representa um avanço significativo nesse sentido, estabelecendo metas e prazos para a universalização dos serviços e permitindo a atração de investimentos privados.

A construção e modernização de hospitais, escolas e equipamentos públicos também são parte do esforço do governo na área de infraestrutura. Esses investimentos contribuem para a melhoria dos serviços públicos e da qualidade de vida da população, além de gerar empregos e movimentar a economia em diversas regiões do país.

O fortalecimento da infraestrutura nacional também passa pela promoção do desenvolvimento regional equilibrado. O governo Bolsonaro tem buscado implementar políticas e programas que incentivem o crescimento econômico das diferentes regiões brasileiras, de modo a reduzir as desigualdades e garantir que os investimentos em infraestrutura beneficiem todos os estados e municípios.

A segurança hídrica é outro aspecto fundamental na política de infraestrutura do governo. A realização de obras estruturantes, como a transposição do Rio São Francisco e a construção de barragens e reservatórios, tem sido priorizada, a fim de garantir o abastecimento de água e a geração de energia para as diversas regiões do país, especialmente aquelas que sofrem com a escassez de recursos hídricos

O governo Bolsonaro também tem investido na modernização e ampliação da infraestrutura turística do país. A promoção do turismo é uma importante fonte de geração de emprego e renda, e o Brasil possui um enorme potencial nesse setor, com suas belezas naturais e riquezas culturais. A criação de infraestrutura adequada e a promoção de políticas de incentivo ao turismo têm sido fundamentais para atrair visitantes e impulsionar a economia.

Em suma, o governo Bolsonaro tem se mostrado comprometido com o desenvolvimento da infraestrutura nacional e a atração de investimentos. Esse esforço conjunto tem proporcionado melhorias significativas na qualidade de vida da população e no crescimento econômico do país. Ainda há muito a ser feito, mas os avanços já alcançados demonstram que, com planejamento e investimentos estratégicos, é possível construir um Brasil mais moderno, próspero e justo.

12.1. A ampliação da infraestrutura e logística no Brasil

A infraestrutura e logística no Brasil têm sido um dos principais focos do governo Bolsonaro, que reconhece a importância desses setores para o desenvolvimento econômico e a integração nacional. Investimentos em transportes, energia, comunicações e saneamento básico são fundamentais para garantir o crescimento sustentável do país e a melhoria da qualidade de vida da população.

Uma das prioridades do governo tem sido a modernização e expansão do sistema de transportes, que engloba rodovias, ferrovias, portos e aeroportos. A ampliação da malha rodoviária, por exemplo, é crucial para diminuir o tempo e o custo do escoamento da produção agrícola e industrial, bem como melhorar o acesso a serviços e oportunidades em áreas mais remotas do país. Além disso, o governo tem trabalhado no sentido de promover a intermodalidade, de forma a tornar o transporte de cargas e passageiros mais eficiente e sustentável.

No setor energético, o governo Bolsonaro tem buscado diversificar a matriz energética brasileira, incentivando a expansão das fontes renováveis e investindo na infraestrutura necessária para a geração e distribuição de energia elétrica. Esse esforço tem como objetivo garantir a segurança energética do país e reduzir a dependência de combustíveis fósseis, contribuindo para a redução das emissões de gases de efeito estufa e o combate às mudanças climáticas.

A ampliação da infraestrutura de comunicações é outro aspecto-chave para o desenvolvimento do país. O governo tem investido na expansão da banda larga, especialmente nas áreas rurais e remotas, e na modernização dos sistemas de telefonia e internet. Essas melhorias são fundamentais para garantir o acesso à informação, fomentar a inovação e promover a inclusão digital da população brasileira.

Por fim, o saneamento básico é um dos principais desafios enfrentados pelo Brasil e tem sido uma das áreas de investimento prioritárias do governo Bolsonaro. A ampliação da rede de abastecimento de água, coleta e tratamento de esgoto e gestão de resíduos sólidos é crucial para garantir a saúde e a qualidade de vida da população, além de reduzir os impactos ambientais e os custos com tratamento de doenças.

12.2. A atração de investimentos estrangeiros e nacionais

12.2.1. Desburocratização e ambiente de negócios favorável

Uma das principais estratégias do governo Bolsonaro para atrair investimentos estrangeiros e nacionais é a desburocratização e a criação de um ambiente de negócios mais favorável. Isso envolve a simplificação de processos e a redução de entraves burocráticos, tornando mais ágil a abertura e o funcionamento de empresas no país. Além disso, o governo tem trabalhado para aumentar a segurança jurídica e a previsibilidade das regras, fatores cruciais para atrair investidores.

12.2.2. Reformas econômicas e fiscais

As reformas econômicas e fiscais promovidas pelo governo Bolsonaro, como a Reforma da Previdência e a Reforma Tributária, são fundamentais para aumentar a confiança de investidores no Brasil e impulsionar o crescimento econômico. Essas reformas visam garantir a sustentabilidade das contas públicas e a estabilidade macroeconômica, além de simplificar e modernizar o sistema tributário brasileiro, tornando-o mais eficiente e menos oneroso para empresas e cidadãos.

12.2.3. Programas de privatizações e concessões

O governo Bolsonaro tem implementado um ambicioso programa de privatizações e concessões, buscando atrair investimentos para setores estratégicos da economia brasileira, como energia, transportes, comunicações e saneamento básico. A transferência de ativos e serviços públicos para a iniciativa privada tem como objetivo aumentar a eficiência e a qualidade dos serviços prestados, além de liberar recursos públicos para serem investidos em áreas prioritárias, como saúde e educação.

12.2.4. Incentivos setoriais e regionais

Outra estratégia do governo Bolsonaro para atrair investimentos é a criação de incentivos setoriais e regionais, de forma a estimular o desenvolvimento de áreas específicas da economia e promover a redução das desigualdades regionais. Isso inclui, por exemplo, incentivos fiscais e creditícios para empresas que atuam em setores estratégicos, como tecnologia e inovação, energia renovável e agronegócio, bem como a implementação de programas de desenvolvimento regional, voltados para áreas menos desenvolvidas do país.

12.2.5. Promoção do comércio internacional

O governo Bolsonaro tem trabalhado para ampliar e diversificar as relações comerciais do Brasil com o resto do mundo, buscando abrir novos mercados e atrair investimentos estrangeiros. Nesse sentido, a diplomacia econômica tem sido um instrumento importante na promoção dos interesses brasileiros, com a busca por acordos comerciais e de investimentos com parceiros estratégicos, como Estados Unidos, União Europeia, Israel e países asiáticos.

Em suma, o governo Bolsonaro tem adotado diversas medidas para atrair investimentos estrangeiros e nacionais, visando impulsionar o crescimento econômico e o desenvolvimento do Brasil. Através da desburocratização, das reformas econômicas e fiscais, dos programas de privatizações e concessões, dos incentivos setoriais e regionais e da promoção do comércio internacional, o governo tem buscado criar um ambiente propício para a atração de investidores e a expansão dos negócios no país.

12.2.6. Fortalecimento da infraestrutura financeira

O governo Bolsonaro também tem se empenhado em fortalecer a infraestrutura financeira do país, a fim de oferecer um ambiente seguro e atraente para investidores nacionais e internacionais. Entre as medidas adotadas, destacam-se a modernização e aprimoramento do sistema financeiro, o desenvolvimento de novos instrumentos de financiamento e a melhoria do ambiente regulatório, visando garantir maior transparência, eficiência e estabilidade ao mercado financeiro brasileiro.

12.2.7. Estímulo à inovação e ao empreendedorismo

A promoção da inovação e do empreendedorismo é outra estratégia adotada pelo governo Bolsonaro para atrair investimentos e impulsionar o crescimento econômico do país. Por meio de políticas públicas e parcerias entre os setores público e privado, o governo tem estimulado o desenvolvimento de startups e empresas de base tecnológica, bem como a criação de polos de inovação e clusters industriais. Essas iniciativas têm como objetivo gerar emprego e renda, além de aumentar a competitividade e produtividade da economia brasileira.

12.2.8. Investimento em educação e capital human

O investimento em educação e capital humano é essencial para garantir o desenvolvimento sustentável e a atração de investimentos de longo prazo. Nesse sentido, o governo Bolsonaro tem priorizado a melhoria da qualidade do ensino e a formação profissional, com foco na capacitação de trabalhadores para atender às demandas do mercado e à indústria 4.0. Além disso, o governo tem incentivado a cooperação entre universidades e empresas, a fim de fomentar a pesquisa e a transferência de tecnologia, contribuindo para a inovação e a competitividade do país.

Em conclusão, o governo Bolsonaro tem adotado uma série de medidas para atrair investimentos estrangeiros e nacionais, visando impulsionar o crescimento e o desenvolvimento do Brasil. Através de políticas públicas e ações coordenadas, o governo busca criar um ambiente propício para o investimento, o empreendedorismo e a inovação, fortalecendo a economia e gerando emprego e renda para a população.

12.3. Projetos de infraestrutura e a melhoria da qualidade de vida

A melhoria da qualidade de vida da população é um dos principais objetivos do governo Bolsonaro, e os investimentos em infraestrutura desempenham um papel fundamental nesse processo. A expansão e modernização dos setores de transporte, energia, saneamento básico, entre outros, são essenciais para garantir o desenvolvimento sustentável do país e proporcionar melhores condições de vida para todos os brasileiros.

12.3.1. Transporte e mobilidade urbana

O governo tem investido na ampliação e modernização dos sistemas de transporte rodoviário, ferroviário, hidroviário e aeroportuário, buscando melhorar a mobilidade urbana e a interligação entre as diferentes regiões do país. Além disso, tem promovido projetos de mobilidade sustentável, como a expansão do transporte público e a implantação de ciclovias e corredores exclusivos para ônibus, visando reduzir o tempo de deslocamento e melhorar a qualidade de vida dos cidadãos.

12.3.2. Energia e sustentabilidade

A diversificação da matriz energética e a busca por fontes de energia limpa e renovável são prioridades do governo Bolsonaro. Investimentos em infraestrutura energética, como a construção de usinas hidrelétricas, eólicas e solares, além da expansão das redes de transmissão e distribuição, têm contribuído para garantir o abastecimento e a sustentabilidade do setor elétrico brasileiro.

12.3.3. Saneamento básico e saúde

O acesso a serviços de saneamento básico é fundamental para a promoção da saúde e a melhoria da qualidade de vida da população. Por isso, o governo tem priorizado investimentos em infraestrutura de água e esgoto, com a ampliação e modernização das redes de abastecimento e coleta, bem como a construção de estações de tratamento. Essas ações têm impacto direto na redução de doenças e na promoção da saúde pública.

12.3.4. Telecomunicações e conectividade

A expansão e modernização das redes de telecomunicações também são essenciais para melhorar a qualidade de vida dos brasileiros. O governo Bolsonaro tem investido na implantação de infraestrutura de internet banda larga, especialmente em áreas rurais e regiões mais afastadas, garantindo maior conectividade e acesso à informação para todos os cidadãos.

12.3.5. Habitação e urbanização

Por fim, o governo tem promovido políticas habitacionais e de urbanização, com o objetivo de reduzir o déficit habitacional e melhorar as condições de moradia da população. Investimentos em infraestrutura urbana, como a

construção de moradias populares, a regularização fundiária e a implantação de equipamentos públicos, são fundamentais para garantir o direito à moradia digna e a melhoria
da qualidade de vida dos brasileiros.

Em resumo, os investimentos em infraestrutura realizados
pelo governo Bolsonaro têm como objetivo proporcionar
melhorias na qualidade de vida da população brasileira, garantindo o acesso a serviços essenciais e promovendo o
desenvolvimento sustentável do país.

Capítulo 13 - Saúde e Combate à Pandemia de COVID-19: A Atuação do Governo Bolsonaro

A saúde é um dos pilares fundamentais para o bem-estar e a qualidade de vida da população. O governo Bolsonaro enfrentou um grande desafio ao lidar com a pandemia de COVID-19, que impactou o Brasil e o mundo de forma significativa. Neste capítulo, abordaremos a atuação do governo na área da saúde, com foco no combate à pandemia, buscando analisar as medidas adotadas e os resultados alcançados.

13.1. A Estruturação do Sistema de Saúde e a Preparação para Enfrentar a Pandemia

13.1.1. Aumento dos recursos para a saúde

Sob a gestão do governo Bolsonaro, houve um aumento expressivo dos recursos destinados à saúde pública. Este incremento foi fundamental para garantir a ampliação e melhoria da infraestrutura dos hospitais, postos de saúde e centros de atendimento, permitindo que o sistema de saúde brasileiro pudesse se preparar adequadamente para o enfrentamento da pandemia de COVID-19.

Além disso, o governo federal também atuou de maneira ágil na liberação de verbas emergenciais e na realização de parcerias com o setor privado e organizações internacionais, buscando garantir a aquisição de equipamentos e insumos médicos necessários para o combate ao coronavírus.

13.1.2. Ampliação da capacidade hospitalar e de leitos de UTI

O governo Bolsonaro trabalhou arduamente na ampliação da capacidade hospitalar do Brasil, com ênfase na criação de novos leitos de UTI e na construção de hospitais de campanha em diversas regiões do país. Essa estratégia teve como objetivo garantir que o sistema de saúde pudesse atender de forma adequada a demanda gerada pela pandemia, evitando o colapso e garantindo o acesso à saúde para todos os brasileiros.

As ações do governo nesta área também incluíram a contratação de profissionais de saúde, o treinamento de equipes médicas e a implementação de protocolos de atendimento específicos para os pacientes infectados pelo coronavírus, permitindo uma abordagem mais eficiente e eficaz no tratamento da doença.

13.1.3. Aquisição de equipamentos e insumos médicos

Diante da escassez global de equipamentos e insumos médicos causada pela pandemia, o governo Bolsonaro agiu rapidamente na busca por soluções que garantissem o abastecimento e a distribuição desses itens no Brasil. Essa estratégia envolveu a realização de acordos internacionais, parcerias com o setor privado e o incentivo à produção nacional.

Dentre os principais equipamentos e insumos adquiridos pelo governo, destacam-se os respiradores mecânicos, os equipamentos de proteção individual (EPIs) para os profissionais de saúde, e os kits de testes para detecção do coronavírus. Essas ações foram fundamentais para garantir a segurança dos profissionais que atuam na linha de frente do combate à pandemia e para a realização de diagnósticos rápidos e precisos, possibilitando a identificação e o isolamento dos casos confirmados.

13.1.4. Fortalecimento da atenção primária à saúde

Entendendo a importância da atenção primária à saúde na prevenção e no controle da pandemia, o governo Bolsonaro promoveu diversas ações de capacitação e aprimoramento dos serviços oferecidos pelos postos de saúde e centros de atendimento. Dentre essas ações, destacam-se a contratação de médicos e enfermeiros, a disponibilização de recursos para a aquisição de equipamentos e insumos, e a implementação de programas de treinamento e atualização dos profissionais de saúde que atuam nessa área.

A atenção primária desempenhou um papel fundamental no combate à pandemia, sendo responsável pelo primeiro contato dos pacientes com o sistema de saúde e pela identificação e encaminhamento dos casos suspeitos de COVID-19. Além disso, as equipes de saúde da família também atuaram na promoção de ações de prevenção e educação em saúde, orientando a população sobre a importância do isolamento social, do uso de máscaras e da higienização das mãos.

13.1.5. Campanhas de vacinação e imunização

Um dos principais destaques da atuação do governo Bolsonaro no enfrentamento da pandemia foi o planejamento e a execução da campanha de vacinação contra a COVID-19. O governo atuou de maneira eficiente na negociação e na aquisição de vacinas junto aos laboratórios internacionais e na articulação com os governos estaduais e municipais para garantir a distribuição e a aplicação das doses em todo o país.

A campanha de imunização foi realizada de forma gradual e seguindo os critérios estabelecidos pelos órgãos de saúde, priorizando os grupos de maior risco e os profissionais de saúde que atuam na linha de frente do combate à pandemia. Graças ao empenho do governo Bolsonaro, o Brasil conseguiu alcançar índices significativos de cobertura vacinal, contribuindo para a redução do número de casos e de óbitos relacionados à COVID-19.

13.1.6. Comunicação e informação à população

A comunicação eficiente e transparente com a população foi um dos pilares da atuação do governo Bolsonaro no enfrentamento da pandemia. Por meio de coletivas de imprensa, pronunciamentos oficiais e divulgação de informações em canais digitais, o governo manteve a população informada sobre a evolução da pandemia, as ações implementadas e os resultados alcançados.

Além disso, o governo também se preocupou em combater a desinformação e as fake News relacionadas à COVID-19, divulgando informações baseadas em evidências científicas e promovendo a conscientização sobre a importância das medidas de prevenção e controle da doença. Esta estratégia de comunicação foi essencial para garantir a adesão da população às orientações e recomendações das autoridades de saúde, contribuindo para o sucesso das ações de enfrentamento da pandemia.

13.2. O Plano Nacional de Imunização e a Vacinação em Massa

13.2.1. Elaboração do Plano Nacional de Imunização

O Plano Nacional de Imunização (PNI) é uma das estratégias adotadas pelo governo Bolsonaro no enfrentamento da pandemia de COVID-19. Elaborado pelo Ministério da Saúde em conjunto com especialistas, o plano estabeleceu diretrizes e etapas para a vacinação da população brasileira, priorizando os grupos de maior risco e os profissionais de saúde que atuam na linha de frente do combate ao coronavírus.

13.2.2. Aquisição e distribuição de vacinas

O governo Bolsonaro atuou de forma ágil e eficiente na negociação e aquisição de vacinas junto aos laboratórios internacionais, garantindo o suprimento necessário para a execução do PNI. Além disso, o governo investiu na produção nacional de vacinas, fortalecendo a parceria entre instituições públicas e privadas para a fabricação de imunizantes no país.

A distribuição das vacinas aos estados e municípios foi realizada de maneira coordenada e logística, garantindo a chegada das doses aos locais de vacinação em tempo hábil. O Ministério da Saúde também forneceu insumos e equipamentos necessários para a aplicação das vacinas, como seringas e agulhas.

13.2.3. Campanha de vacinação e adesão da população

A campanha de vacinação contra a COVID-19 no Brasil foi um sucesso, com ampla adesão da população e altos índices de cobertura vacinal. As ações de comunicação e informação promovidas pelo governo Bolsonaro foram fundamentais para conscientizar a população sobre a importância da vacinação e combater a hesitação vacinal.

A vacinação em massa contribuiu para a redução do número de casos e óbitos relacionados à COVID-19 e permitiu a retomada gradual das atividades econômicas e sociais no país. Além disso, a imunização da população também favoreceu a diminuição da pressão sobre o sistema de saúde, com a redução das internações e dos casos graves da doença.

13.2.4. Monitoramento e vigilância epidemiológica

O governo Bolsonaro investiu na estruturação e fortalecimento do sistema de vigilância epidemiológica, visando acompanhar a evolução da pandemia e monitorar a efetividade das vacinas aplicadas. Por meio de sistemas de informação e parcerias com instituições de pesquisa, o Ministério da Saúde coletou e analisou dados sobre a circulação do vírus, a ocorrência de variantes e a resposta imunológica da população às vacinas.

Essas informações foram fundamentais para a tomada de decisões e a adoção de medidas adicionais de controle da pandemia, como a realização de campanhas de vacinação de reforço e a atualização das recomendações de saúde pública.

13.2.5. Cooperação internacional e compartilhamento de experiências

O governo Bolsonaro também buscou estabelecer parcerias e cooperação com outros países no enfrentamento da pandemia de COVID-19, participando de fóruns internacionais e compartilhando experiências e informações sobre as estratégias de imunização adotadas no Brasil. Essa cooperação possibilitou a troca de conhecimentos e a identificação de boas práticas que contribuíram para o aprimoramento das ações de enfrentamento à pandemia no país.

13.2.6. Preparação para o enfrentamento de futuras pandemias

A experiência adquirida no combate à pandemia de COVID-19 evidenciou a importância de se investir na preparação e na capacidade de resposta a eventos de saúde pública de importância internacional. Nesse sentido, o governo Bolsonaro tem trabalhado no desenvolvimento de políticas e ações voltadas para o fortalecimento do sistema de saúde e para a prevenção e controle de futuras pandemias.

Dentre as iniciativas, destacam-se o investimento na pesquisa e desenvolvimento de novas vacinas e

medicamentos, a expansão e modernização da rede de vigilância epidemiológica e laboratorial, e a capacitação de
profissionais de saúde para atuar em emergências.

Em síntese, a atuação do governo Bolsonaro no combate
à pandemia de COVID-19 foi marcada pela implementação
de estratégias eficazes de vacinação, investimento na estruturação do sistema de saúde, e cooperação internacional. Essas ações resultaram na redução do número de casos e óbitos, na retomada das atividades econômicas e sociais, e no fortalecimento das capacidades de prevenção e
resposta a futuras pandemias.

13.3. Medidas de Proteção e Contenção da Pandemia

13.3.1. Adoção de medidas preventivas e protocolos de saúde

O governo Bolsonaro trabalhou na implementação de medidas preventivas e protocolos de saúde para conter a disseminação do vírus, desde o início da pandemia. Essas
medidas incluíram a promoção do distanciamento social, a
recomendação do uso de máscaras, a higienização constante das mãos e a conscientização da população sobre a

importância dessas ações para a redução da transmissão da COVID-19.

13.3.2. Fortalecimento do sistema de saúde

O enfrentamento da pandemia exigiu um esforço significativo para fortalecer o sistema de saúde brasileiro. O governo Bolsonaro investiu na ampliação da capacidade hospitalar, na aquisição de equipamentos e insumos, e na contratação e capacitação de profissionais de saúde para atender ao aumento da demanda por serviços médicos decorrente da pandemia.

13.3.3. Apoio aos estados e municípios

O governo federal atuou de forma coordenada com os governos estaduais e municipais para garantir a efetividade das ações de combate à pandemia. Foram estabelecidos mecanismos de cooperação e compartilhamento de informações, e recursos financeiros foram repassados para auxiliar os entes federados na execução de políticas e programas voltados ao enfrentamento da COVID-19.

13.3.4. Auxílio emergencial e medidas de proteção econômica

O governo Bolsonaro implementou medidas de proteção econômica para minimizar os impactos da pandemia sobre a população, como a criação do auxílio emergencial e a implementação de programas de crédito e apoio a pequenas e médias empresas. Essas ações tiveram como objetivo garantir a manutenção do emprego e da renda e contribuir para a recuperação econômica do país.

13.3.5. Campanhas de conscientização e combate à desinformação

A desinformação e as fakes News representaram um desafio adicional no combate à pandemia. O governo Bolsonaro investiu em campanhas de conscientização e esclarecimento, utilizando diferentes meios de comunicação para disseminar informações corretas e baseadas em evidências científicas sobre a COVID-19 e as medidas adotadas para o enfrentamento da doença.

Em suma, o governo Bolsonaro adotou uma série de medidas de proteção e contenção da pandemia, que incluíram a implementação de protocolos de saúde, o fortalecimento do sistema de saúde, a cooperação com estados e municípios, a adoção de medidas de proteção econômica e o combate à desinformação. Essas ações foram fundamentais para mitigar os efeitos da pandemia e permitir a retomada gradual das atividades econômicas e sociais no país.

13.4. Auxílio Emergencial e Apoio Econômico à População

13.4.1. Criação do Auxílio Emergencial

Diante dos impactos econômicos causados pela pandemia de COVID-19, o governo Bolsonaro implementou o Auxílio Emergencial, um benefício financeiro concedido a trabalhadores informais, microempreendedores individuais, autônomos e desempregados. O objetivo dessa medida foi garantir uma renda mínima temporária e auxiliar as famílias mais vulneráveis durante o período de crise.

13.4.2. Prorrogação e ajustes no Auxílio Emergencial

O Auxílio Emergencial passou por prorrogações e ajustes ao longo do tempo, considerando as necessidades da população e a evolução da pandemia. Essas modificações buscaram atender de forma mais eficiente os grupos mais afetados pela crise, sem comprometer a sustentabilidade fiscal do país.

13.4.3. Programas de crédito e financiamento

Além do Auxílio Emergencial, o governo Bolsonaro promoveu a criação e a ampliação de programas de crédito e financiamento para apoiar empresas e setores econômicos afetados pela pandemia. Essas iniciativas visavam garantir a manutenção dos empregos e estimular a retomada das atividades econômicas, contribuindo para a recuperação do país.

13.4.4. Medidas trabalhistas e de proteção ao emprego

O governo adotou medidas trabalhistas temporárias para preservar empregos e a renda dos trabalhadores durante a pandemia, como a flexibilização das regras de jornada de trabalho e a possibilidade de suspensão temporária dos contratos de trabalho. Essas ações proporcionaram maior segurança e estabilidade aos trabalhadores e permitiram que as empresas se adaptassem à nova realidade econômica.

13.4.5. Ações sociais e de combate à fome

Reconhecendo a necessidade de ações específicas para o combate à fome, o governo Bolsonaro também investiu em programas sociais e distribuição de alimentos para a população em situação de vulnerabilidade. Essas iniciativas buscaram garantir o acesso a recursos básicos e a segurança alimentar das famílias afetadas pela crise econômica decorrente da pandemia.

Em resumo, o governo Bolsonaro atuou em diversas frentes para oferecer auxílio e apoio econômico à população durante a pandemia de COVID-19. A implementação do Auxílio Emergencial, a criação de programas de crédito e financiamento, a adoção de medidas trabalhistas e a promoção de ações sociais e de combate à fome foram essenciais para minimizar os impactos da crise e garantir a sobrevivência de milhões de brasileiros.

13.5. Inovação e Pesquisa na Luta Contra a COVID-19

13.5.1. Investimento em pesquisa e desenvolvimento

O governo Bolsonaro entendeu a importância de investir em pesquisa e desenvolvimento (P&D) para enfrentar a pandemia de COVID-19. Dessa forma, foram destinados recursos para o financiamento de projetos científicos e tecnológicos que visavam melhorar o diagnóstico, tratamento e prevenção da doença, além de apoiar a busca por soluções inovadoras e eficazes.

13.5.2. Parcerias com instituições científicas e farmacêuticas

O governo estabeleceu parcerias com instituições científicas e farmacêuticas, tanto nacionais quanto internacionais, para a produção e distribuição de vacinas e medicamentos contra a COVID-19. Essas alianças possibilitaram o acesso rápido e seguro a esses produtos, garantindo a imunização da população brasileira e o tratamento adequado dos infectados.

13.5.3. Estímulo à inovação e à cooperação científica

Com o objetivo de acelerar o progresso científico no combate à pandemia, o governo Bolsonaro promoveu a cooperação entre diferentes setores da sociedade, incluindo universidades, centros de pesquisa, empresas e organizações não governamentais. Essa sinergia possibilitou o compartilhamento de conhecimentos e a colaboração em projetos inovadores, fundamentais para enfrentar a crise sanitária.

13.5.4. Desenvolvimento de soluções tecnológicas

O governo também incentivou o desenvolvimento de soluções tecnológicas que auxiliassem no enfrentamento da pandemia, como aplicativos de monitoramento e rastreamento de casos, sistemas de telemedicina e plataformas digitais para a gestão de informações em saúde. Essas tecnologias contribuíram para otimizar o atendimento médico e facilitar o controle da disseminação do vírus.

13.5.5. Capacitação e formação de profissionais

Entendendo a necessidade de preparar profissionais capacitados para lidar com a pandemia, o governo investiu em programas de capacitação e formação na área de saúde. Essas iniciativas visavam garantir que os profissionais estivessem aptos a enfrentar os desafios impostos pela COVID-19 e contribuir para a qualidade do atendimento à população.

Em suma, o governo Bolsonaro adotou diversas ações voltadas à inovação e pesquisa na luta contra a COVID-19, como investimento em P&D, parcerias com instituições científicas e farmacêuticas, estímulo à cooperação científica, desenvolvimento de soluções tecnológicas e capacitação de profissionais. Esses esforços foram fundamentais para o enfrentamento da pandemia e a busca por soluções eficazes para proteger a saúde e a vida dos brasileiros.

13.6. Ações Futuras e Preparação para Enfrentar Novas Pandemias

13.6.1. Fortalecimento do Sistema Único de Saúde (SUS)

O governo Bolsonaro compreende a importância de fortalecer o Sistema Único de Saúde (SUS) como uma estratégia para enfrentar futuras pandemias e garantir a saúde da população. Nesse sentido, estão previstos investimentos em infraestrutura, equipamentos e insumos, bem como ações para melhorar a gestão e a eficiência do sistema.

13.6.2. Ampliação da capacidade de resposta a emergências em saúde

Para estar mais bem preparado para enfrentar novas pandemias, o governo pretende ampliar a capacidade de resposta a emergências em saúde, por meio da criação de um plano nacional de contingência e da implementação de estruturas e protocolos específicos para lidar com situações de crise sanitária.

13.6.3. Investimento em vigilância epidemioló-gica e sanitária

Reconhecendo a relevância da vigilância epidemiológica e sanitária na prevenção e controle de doenças, o governo planeja investir na ampliação e modernização dos sistemas de vigilância, além de promover a capacitação de profissionais e a cooperação entre órgãos de saúde, a fim de agilizar a detecção e contenção de surtos e epidemias.

13.6.4. Fomento à pesquisa, inovação e desenvolvimento em saúde

O governo Bolsonaro entende que a pesquisa, inovação e desenvolvimento em saúde são fundamentais para o enfrentamento de futuras pandemias. Por isso, pretende ampliar o apoio a projetos científicos e tecnológicos nessa área, bem como incentivar a formação de parcerias entre instituições de pesquisa, setor produtivo e organizações internacionais.

13.6.5. Promoção da cooperação internacional em saúde

A pandemia de COVID-19 demonstrou a importância da cooperação internacional para enfrentar crises sanitárias globais. Nesse contexto, o governo buscará intensificar o diálogo e a cooperação com outros países e organismos internacionais, a fim de compartilhar conhecimentos, tecnologias e recursos no combate a doenças e pandemias.

Em resumo, o governo Bolsonaro está comprometido em tomar medidas para enfrentar futuras pandemias e garantir a saúde da população brasileira. Essas ações incluem o fortalecimento do SUS, a ampliação da capacidade de resposta a emergências em saúde, investimentos em vigilância epidemiológica e sanitária, fomento à pesquisa, inovação e desenvolvimento em saúde, e a promoção da cooperação internacional em saúde.

Ao longo deste capítulo, será possível analisar como o governo Bolsonaro atuou na área da saúde, enfrentando a pandemia de COVID-19 e buscando garantir a segurança e o bem-estar da população brasileira.

Capítulo 14 - A Luta pela Liberdade de Expressão e o Combate à Censura

Vivemos em uma era em que a informação e a comunicação assumem um papel cada vez mais central na vida das pessoas. Nesse contexto, a liberdade de expressão e a luta contra a censura tornam-se temas de suma importância para garantir o pleno exercício da democracia e a manutenção dos direitos fundamentais dos cidadãos. O governo Bolsonaro compreende essa realidade e tem se empenhado em defender a liberdade de expressão e combater qualquer tentativa de cerceamento do direito à informação e à manifestação do pensamento.

Desde o início de seu mandato, o Presidente Jair Bolsonaro tem demonstrado preocupação com a preservação das liberdades individuais e a garantia do direito à livre expressão. Em seus discursos e ações, ele reforça a importância de um ambiente plural e democrático, no qual todos os cidadãos possam expressar suas opiniões e ideias sem temer represálias ou censura.

Neste capítulo, abordaremos a luta do governo Bolsonaro pela liberdade de expressão e o combate à censura, destacando as principais ações e iniciativas empreendidas nesse sentido. Exploraremos como o presidente e sua equipe têm trabalhado para garantir que a voz do povo brasileiro seja ouvida e respeitada, em um contexto em que a tentação do autoritarismo e a supressão da liberdade de expressão se mostram cada vez mais presentes em diversas partes do mundo.

Primeiramente, analisaremos as iniciativas do governo para garantir a liberdade de imprensa e o direito à informação, enfrentando as ameaças à liberdade de expressão no campo da mídia e do jornalismo. Nesse sentido, abordaremos ações voltadas à transparência e ao acesso à informação, bem como medidas adotadas para proteger os profissionais da comunicação e garantir a pluralidade de vozes no espaço público.

Em seguida, examinaremos o papel do governo na defesa da liberdade de expressão no ambiente digital, destacando os desafios impostos pelas redes sociais e as plataformas de comunicação online. Nesse contexto, discutiremos as iniciativas do governo para combater a censura e a manipulação de informações na internet, bem como a proteção à privacidade e aos direitos dos usuários.

Além disso, abordaremos as ações do governo Bolsonaro na defesa da liberdade de expressão no âmbito da educação e da cultura. Nesse sentido, exploraremos medidas voltadas à promoção do pluralismo e do debate aberto nas instituições de ensino, bem como iniciativas para garantir a livre manifestação artística e cultural.

Por fim, discutiremos a importância da luta pela liberdade de expressão e o combate à censura no contexto político e institucional. Nesse âmbito, analisaremos as iniciativas do governo para enfrentar as tentativas de limitar a liberdade de expressão por meio de leis e medidas restritivas, defendendo os princípios democráticos e a garantia dos direitos fundamentais.

O capítulo busca, assim, oferecer uma visão ampla e detalhada das ações e compromissos do governo Bolsonaro na defesa da liberdade de expressão e no combate à censura. Acreditamos que, ao longo dessa análise, será possível perceber a relevância e a urgência desse tema para a consolidação da democracia e o fortalecimento das instituições no Brasil.

Ao longo deste capítulo, apresentaremos diversos exemplos de como o governo Bolsonaro tem se posicionado e agido em prol da liberdade de expressão e contra a censura em diferentes esferas da sociedade. Essas ações reforçam o compromisso do presidente e de sua equipe em garantir um ambiente no qual a diversidade de opiniões e ideias seja respeitada e valorizada, sem que haja espaço para cerceamento do direito à informação e à manifestação do pensamento.

Ressaltaremos também as dificuldades enfrentadas pelo governo nesse processo, bem como as críticas e os desafios que se apresentam diante da complexidade do tema. A defesa da liberdade de expressão e o combate à censura envolvem questões delicadas e, por vezes, controversas, que exigem um equilíbrio entre os direitos fundamentais dos cidadãos e a responsabilidade das autoridades e dos meios de comunicação.

Nesse sentido, este capítulo tem como objetivo apresentar uma análise imparcial e embasada das iniciativas do governo Bolsonaro na luta pela liberdade de expressão e o combate à censura. Buscamos, assim, contribuir para um debate construtivo e informado sobre esse tema de grande relevância para a sociedade brasileira e para o fortalecimento da democracia no país.

Em um mundo cada vez mais globalizado e conectado, a liberdade de expressão e o combate à censura se tornam fundamentais para garantir o pleno exercício dos direitos e a participação ativa dos cidadãos na vida pública. É nosso dever, enquanto sociedade, proteger e valorizar esses princípios, assegurando que todos possam se manifestar livremente e contribuir para a construção de um Brasil mais justo, plural e democrático.

14.1. A defesa da liberdade de expressão e imprensa

14.1.1. A posição do governo Bolsonaro sobre a liberdade de imprensa

O governo Bolsonaro tem, desde o início de seu mandato, se posicionado como um grande defensor da liberdade de expressão e da imprensa. Em diversas ocasiões, o presidente e seus ministros reafirmaram o compromisso do governo em garantir a pluralidade de ideias e opiniões no Brasil, valorizando a importância da imprensa livre e independente como um dos pilares fundamentais da democracia.

Nesse sentido, o governo tem adotado medidas para combater a censura e a perseguição a jornalistas e profissionais da comunicação, buscando assegurar um ambiente propício para o exercício do jornalismo responsável e imparcial. Além disso, o governo tem incentivado o diálogo e a transparência com os veículos de comunicação, fortalecendo o acesso à informação e a liberdade de imprensa no país.

14.1.2. Iniciativas para garantir a independência dos meios de comunicação

O governo Bolsonaro também tem tomado medidas para garantir a independência dos meios de comunicação, promovendo a diversidade de vozes e a autonomia editorial. Nesse contexto, destaca-se a revisão das políticas de distribuição de verbas publicitárias do governo, que passaram a ser realizadas de forma mais transparente e equitativa, sem privilegiar ou perseguir determinados veículos de comunicação por questões ideológicas.

Outra iniciativa importante foi a desburocratização e a flexibilização das regras para a concessão de rádios e televisões, permitindo uma maior pluralidade de veículos e a ampliação do acesso à informação em todo o território nacional.

14.1.3. A luta contra a disseminação de fake News

O governo Bolsonaro tem enfrentado o desafio de combater a disseminação de notícias falsas e desinformação, reconhecendo os perigos que estas representam para a democracia e a liberdade de imprensa. Para tanto, o governo tem trabalhado em parceria com veículos de comunicação, plataformas de mídias sociais e organizações da sociedade civil, buscando desenvolver estratégias eficazes para identificar e combater a propagação de fake news.

Além disso, o governo tem incentivado a educação midiática e a promoção do jornalismo ético e responsável, como formas de garantir a qualidade da informação e o exercício pleno da liberdade de imprensa no Brasil.

14.1.4. A garantia dos direitos individuais e a promoção do debate público

Outro aspecto fundamental na defesa da liberdade de expressão e imprensa é a garantia dos direitos individuais de expressão e manifestação do pensamento. Nesse sentido, o governo Bolsonaro tem reafirmado seu compromisso em assegurar o respeito às liberdades individuais e o fomento ao debate público, garantindo que todas as vozes possam ser ouvidas e levadas em consideração na construção das políticas públicas e na condução do país.

Dessa forma, o governo Bolsonaro tem trabalhado para criar um ambiente em que as diferenças de opinião possam ser respeitadas e discutidas de forma aberta e democrática, sem medo de retaliações ou censura. Isso inclui a proteção à liberdade de expressão nas redes sociais, onde muitos cidadãos têm a oportunidade de compartilhar suas opiniões e informações sobre diversos temas, contribuindo para o enriquecimento do debate público.

14.1.5. A relação do governo com a mídia e a transparência na comunicação

A relação do governo Bolsonaro com a mídia também tem sido marcada pela busca de transparência e abertura no diálogo. O presidente e seus ministros têm concedido frequentes entrevistas e coletivas de imprensa, permitindo que os jornalistas e a população acompanhem de perto as ações e decisões do governo.

Além disso, o governo tem investido em canais de comunicação direta com a população, como as redes sociais e os programas de rádio e televisão, a fim de garantir que os cidadãos tenham acesso às informações oficiais e possam se manter informados sobre as ações do governo.

14.1.6. A importância da liberdade de expressão e imprensa para a democracia

Em suma, o governo Bolsonaro tem demonstrado um compromisso sólido com a defesa da liberdade de expressão e imprensa, reconhecendo sua importância como um dos pilares fundamentais da democracia. Ao garantir a pluralidade de vozes e a independência dos meios de comunicação, o governo tem trabalhado para fortalecer a participação popular e a transparência na gestão pública, contribuindo para a consolidação das instituições democráticas e a construção de um Brasil mais justo e inclusivo.

14.1.7. A perseguição ao Presidente e aos seus ideais

Ao longo de seu mandato, o presidente Bolsonaro e seus apoiadores têm enfrentado uma série de perseguições e ataques em decorrência de suas opiniões e ideais políticos. Muitas vezes, essas perseguições vêm de setores da mídia, de grupos de oposição e até mesmo de algumas instituições que, em vez de promoverem um debate democrático e respeitoso, buscam deslegitimar e silenciar aqueles que defendem os valores defendidos pelo governo.

14.1.7.1. O uso do discurso de ódio e fake News contra o Presidente

Um dos principais meios de perseguição ao presidente e seus ideais é o uso do discurso de ódio e a disseminação de notícias falsas. Essa estratégia tem como objetivo desacreditar e difamar Bolsonaro e seus apoiadores, criando um ambiente de hostilidade e polarização no país. Porém, o governo tem se mostrado firme na defesa da verdade e da liberdade de expressão, combatendo as fakes News e denunciando as injustiças e os ataques sofridos.

14.1.7.2. *A atuação de grupos políticos e ativistas na tentativa de calar o governo*

Além das fake News, alguns grupos políticos e ativistas têm atuado de forma a tentar silenciar o governo e seus apoiadores. Esses grupos se utilizam de diversos meios, como processos judiciais, manifestações e campanhas difamatórias, visando intimidar e desestabilizar o governo Bolsonaro. Entretanto, o presidente e seus aliados têm se mantido firmes na defesa de seus ideais e na busca por um país mais justo e democrático.

14.1.7.3. *A luta pela garantia da liberdade de expressão e o respeito às opiniões divergentes*

Diante desse cenário de perseguição e ataques, o governo Bolsonaro tem se empenhado em garantir a liberdade de expressão e o respeito às opiniões divergentes. Essa luta envolve a promoção de um ambiente plural e democrático, no qual todos os cidadãos possam se expressar livremente, sem medo de represálias ou censura.

14.1.7.4. O fortalecimento da democracia e a defesa dos valores do governo

Em última análise, a defesa da liberdade de expressão e o combate à perseguição ao presidente e seus ideais são fundamentais para o fortalecimento da democracia brasileira. Ao garantir a pluralidade de vozes e a liberdade para debater e questionar as decisões do governo, o presidente Bolsonaro e seus apoiadores têm trabalhado para construir um país mais justo, inclusivo e com respeito às diferentes opiniões e crenças.

14.2. O combate à censura e à manipulação da informação

A luta pela liberdade de expressão e contra a censura é uma das principais bandeiras do governo Bolsonaro. Neste sentido, o combate à manipulação da informação e a garantia do acesso à informação correta e imparcial são fundamentais para a consolidação da democracia e o fortalecimento das instituições.

14.2.1. A promoção da transparência e do acesso à informação

O governo Bolsonaro tem se empenhado em promover a transparência e garantir o acesso à informação por parte da população. Diversas medidas foram adotadas neste sentido, como a ampliação dos canais de comunicação entre o governo e a sociedade e o incentivo à participação popular nas decisões políticas.

4.2.2. O enfrentamento às fake News e à desinformação

As notícias falsas e a desinformação representam uma grave ameaça à democracia e à estabilidade política do país. Diante disso, o governo Bolsonaro tem adotado estratégias de enfrentamento às fake News, como a criação de mecanismos de verificação de informações e a realização de campanhas de conscientização sobre a importância da checagem das informações.

14.2.3. A defesa da liberdade de imprensa e o combate à censura

A liberdade de imprensa é um pilar essencial da democracia e deve ser defendida e protegida. O governo Bolsonaro tem atuado firmemente no combate à censura e na defesa do direito dos profissionais de imprensa de exercerem livremente seu ofício. Esse compromisso se traduz em ações como o apoio a jornalistas perseguidos e a denúncia de casos de censura e violação à liberdade de imprensa no Brasil e no exterior

14.2.4. O estímulo ao debate público e à diversidade de opiniões

O governo Bolsonaro entende que o debate público e a diversidade de opiniões são fundamentais para a construção de uma sociedade mais justa e democrática. Por isso, tem incentivado a realização de debates e discussões sobre temas de interesse nacional e promovido a participação de diferentes setores da sociedade nas decisões políticas.

14.2.5. A valorização da cultura e da produção artística nacional

O governo Bolsonaro tem se empenhado em valorizar a cultura e a produção artística nacional, promovendo a liberdade de expressão e a diversidade cultural. Essa valorização se reflete em políticas de fomento à cultura, como a criação de editais e programas de financiamento para artistas e produtores culturais, além do incentivo à produção de conteúdo artístico que reflita a pluralidade e a riqueza cultural do Brasil.

14.2.6. A formação de uma sociedade crítica e consciente

O combate à censura e à manipulação da informação passa também pela formação de uma sociedade crítica e consciente. Nesse sentido, o governo Bolsonaro tem investido em políticas de educação e formação, visando o desenvolvimento do pensamento crítico e a capacidade de discernimento da população. Essa ação se traduz em programas educacionais que incentivam o debate e a reflexão sobre temas atuais e relevantes, assim como em campanhas de conscientização sobre a importância da informação correta e a necessidade de combater a desinformação.

14.2.7. A responsabilização de plataformas digitais e mídias sociais

As plataformas digitais e as mídias sociais têm um papel importante na disseminação de informações e na formação da opinião pública. Por isso, o governo Bolsonaro entende que é fundamental responsabilizar essas empresas pelo conteúdo que circula em suas redes. Diversas ações têm sido tomadas nesse sentido, como a criação de marcos regulatórios que estabelecem obrigações e responsabilidades para as plataformas e a imposição de multas e sanções em casos de violação das normas.

14.2.8. A cooperação internacional no combate à censura e à desinformação

O combate à censura e à desinformação é uma luta global, e o governo Bolsonaro tem buscado estabelecer parcerias e acordos com outros países e organizações internacionais para fortalecer essa causa. Essa cooperação se materializa em ações conjuntas, como a troca de informações e experiências, a realização de eventos e conferências sobre o tema e o desenvolvimento de políticas e estratégias comuns para enfrentar os desafios impostos pela censura e a manipulação da informação.

14.2.9. A promoção da ética e da responsabilidade no jornalismo

O governo Bolsonaro defende a importância da ética e da responsabilidade no exercício do jornalismo. Para isso, tem promovido ações de valorização dos profissionais da área e a criação de mecanismos que garantam a qualidade e a imparcialidade das informações veiculadas pelos meios de comunicação. Essas iniciativas incluem a realização de cursos e capacitações para jornalistas, a criação de prêmios e reconhecimentos para os profissionais que se destacam pela excelência em seu trabalho e o estímulo ao debate sobre a ética e a responsabilidade no jornalismo.

14.2.10. O fortalecimento da democracia e a garantia dos direitos fundamentais

O combate à censura e à manipulação da informação é, acima de tudo, uma luta em defesa da democracia e dos direitos fundamentais. O governo Bolsonaro acredita que somente com informação correta e livre é possível garantir o exercício pleno da cidadania e a construção de uma sociedade justa e igualitária. Nesse sentido, todas as ações e políticas desenvolvidas no âmbito do combate à censura e à desinformação têm como objetivo maior fortalecer a democracia brasileira e assegurar a garantia dos direitos e liberdades fundamentais da população.

14.3. A responsabilização das plataformas de mídia social

14.3.1. O papel das mídias sociais na disseminação de informações

As mídias sociais desempenham um papel crucial na disseminação de informações e na formação da opinião pública. Por isso, é essencial que essas plataformas sejam responsabilizadas pelo conteúdo que circula em suas redes, garantindo a qualidade e veracidade das informações compartilhadas e evitando a propagação de fake News e discursos de ódio.

14.3.2. A criação de marcos regulatórios e legislação específica

O governo Bolsonaro entende a necessidade de estabelecer marcos regulatórios e legislação específica para responsabilizar as plataformas de mídia social pelo conteúdo veiculado em suas redes. Essas normas estabelecem obrigações e responsabilidades para as empresas, garantindo que atuem de forma ética e transparente no gerenciamento e moderação dos conteúdos publicados pelos usuários.

14.3.3. A fiscalização e a imposição de sanções

As autoridades competentes devem fiscalizar e monitorar as atividades das mídias sociais, garantindo o cumprimento das normas estabelecidas. Em caso de violações, as plataformas devem ser punidas com sanções e multas proporcionais ao dano causado à sociedade e aos indivíduos afetados pelo conteúdo inadequado.

14.3.4. A proteção da liberdade de expressão e o combate à censura

Ao responsabilizar as plataformas de mídia social, é fundamental garantir o equilíbrio entre a proteção da liberdade de expressão e o combate à censura. O governo Bolsonaro defende a importância de assegurar que os usuários possam expressar suas opiniões e compartilhar informações de forma livre e responsável, sem sofrer interferências indevidas por parte das empresas ou das autoridades.

14.3.5. A conscientização dos usuários e a promoção da educação digital

Além de responsabilizar as plataformas de mídia social, o governo Bolsonaro entende que é necessário promover a conscientização dos usuários sobre a importância de compartilhar informações de forma responsável e ética. Para isso, são desenvolvidas campanhas e ações educativas que visam à promoção da educação digital e ao estímulo ao pensamento crítico e ao discernimento na utilização das redes sociais.

14.3.6. A cooperação internacional e o compartilhamento de boas práticas

O combate à disseminação de informações falsas e conteúdos nocivos nas mídias sociais é uma preocupação global. Nesse sentido, o governo Bolsonaro busca estabelecer parcerias e acordos com outros países e organizações internacionais para compartilhar experiências, boas práticas e desenvolver estratégias conjuntas para enfrentar os desafios impostos pelo uso inadequado das plataformas de mídia social.

14.3.7. A inovação e a busca por soluções tecnológicas

O desenvolvimento de soluções tecnológicas e inovadoras é fundamental para melhorar a capacidade das plataformas de mídia social de moderar e gerenciar o conteúdo veiculado em suas redes. O governo Bolsonaro incentiva o investimento em pesquisa e desenvolvimento de ferramentas capazes de identificar e combater a disseminação de fake News e discursos de ódio, sempre respeitando a liberdade de expressão e evitando a censura indevida.

14.3.8. A transparência e a prestação de contas

A transparência na atuação das plataformas de mídia social é fundamental para garantir a confiança dos usuários e a credibilidade das informações compartilhadas. Nesse sentido, o governo Bolsonaro defende a importância de estabelecer mecanismos de prestação de contas e divulgação de dados e informações sobre o funcionamento e as políticas de moderação de conteúdo das empresas, permitindo que a sociedade fiscalize e avalie sua atuação.

14.3.9. O diálogo e a cooperação com as empresas de tecnologia

Para alcançar resultados efetivos no combate à disseminação de informações falsas e conteúdos nocivos, é fundamental estabelecer um diálogo aberto e construtivo com as empresas de tecnologia responsáveis pelas plataformas de mídia social. O governo Bolsonaro busca estabelecer parcerias e acordos com essas empresas, visando à implementação de políticas e práticas efetivas de moderação e gerenciamento de conteúdo, sem prejudicar a liberdade de expressão e o direito à informação.

14.3.10. A promoção do jornalismo independente e profissional

O governo Bolsonaro reconhece a importância do jornalismo independente e profissional como instrumento de combate à desinformação e à manipulação da opinião pública. Nesse sentido, são incentivadas iniciativas que promovam a produção e difusão de informações de qualidade e imparciais, garantindo o acesso da população a notícias e análises confiáveis e baseadas em fatos.

14.4. A Perseguição da Imprensa a Bolsonaro

14.4.1. A construção de uma narrativa negativa

A imprensa, em muitos casos, tem criado uma narrativa negativa a respeito do governo Bolsonaro, focando em seus aspectos controversos e minimizando suas realizações. Essa abordagem tendenciosa tem como objetivo descredibilizar o governo perante a opinião pública e influenciar negativamente a percepção da sociedade sobre o trabalho desenvolvido pela administração.

14.4.2. O tratamento desigual

É evidente o tratamento desigual dado ao governo Bolsonaro em comparação a governos anteriores. Enquanto erros e falhas de outras gestões são frequentemente minimizados ou ignorados, as ações do atual governo são amplamente criticadas e expostas, mesmo quando apresentam resultados positivos. Essa postura da imprensa evidencia uma clara parcialidade e falta de isenção na cobertura jornalística.

14.4.3. A manipulação das informações

Em alguns casos, a imprensa tem sido acusada de manipular informações e notícias para prejudicar a imagem do governo Bolsonaro. Essa prática antiética e irresponsável contribui para a desinformação da sociedade e para a polarização do debate político, dificultando a busca por soluções efetivas para os problemas do país.

14.4.4. A criminalização da opinião

Muitas vezes, as opiniões e posicionamentos do presidente e de seus apoiadores são tratados como crimes e atentados à democracia, sem que haja espaço para o debate e a reflexão sobre as diferentes perspectivas e visões de mundo. Essa postura da imprensa fomenta a intolerância e a divisão da sociedade, em vez de promover a pluralidade e a convivência pacífica entre diferentes grupos e correntes de pensamento.

14.4.5. A perseguição aos apoiadores de Bolsonaro

Além do próprio presidente, a imprensa tem perseguido e desqualificado seus apoiadores e seguidores, rotulando-os como radicais e extremistas. Essa estratégia visa enfraquecer o apoio popular ao governo e desestimular o engajamento político de cidadãos que compartilham das ideias e propostas de Bolsonaro.

14.4.6. A luta pela liberdade de expressão

Diante desse cenário de perseguição e manipulação, o governo Bolsonaro tem se posicionado firmemente em defesa da liberdade de expressão e do direito à informação. A luta contra a censura e a imposição de uma única narrativa é fundamental para garantir a pluralidade e a democracia no Brasil, permitindo que todas as vozes sejam ouvidas e respeitadas.

14.5. A polarização da mídia e a cobertura tendenciosa

14.5.1. A crescente polarização política

A polarização política no Brasil tem se acentuado nos últimos anos, e isso se reflete na cobertura jornalística e na postura da mídia. A imprensa, em muitos casos, passou a adotar uma linha editorial mais alinhada a determinadas correntes ideológicas, o que acaba por comprometer a imparcialidade e a qualidade das informações veiculadas.

14.5.2. A influência dos interesses econômicos e políticos

Por trás dessa polarização e da cobertura tendenciosa, há também interesses econômicos e políticos que influenciam a forma como a mídia aborda os acontecimentos. Grupos poderosos e influentes, tanto nacionais quanto internacionais, têm o poder de moldar a opinião pública e direcionar a narrativa de acordo com seus objetivos e interesses.

14.5.3. A fragmentação da mídia e o papel das redes sociais

Com o advento das redes sociais e a democratização do acesso à informação, a mídia tradicional tem enfrentado uma crescente fragmentação e perda de credibilidade. Nesse contexto, as pessoas buscam cada vez mais fontes alternativas de informação, o que acaba por aumentar ainda mais a polarização e a formação de "bolhas" ideológicas.

14.5.4. A necessidade de um jornalismo ético e responsável

Diante desse cenário, é fundamental que os profissionais da imprensa busquem exercer um jornalismo ético e responsável, pautado pela apuração rigorosa dos fatos e pela isenção na análise e na divulgação das notícias. Somente assim será possível reverter a polarização e a desconfiança que têm marcado a relação entre a mídia e a sociedade.

14.5.5. O desafio da educação midiática

Para enfrentar a polarização e a cobertura tendenciosa, é preciso também investir na educação midiática da população. As pessoas precisam aprender a identificar fontes confiáveis de informação, a analisar criticamente as notícias e a discernir entre fatos e opiniões. Essa habilidade é fundamental para o exercício pleno da cidadania e para o fortalecimento da democracia.

14.5.6. O papel dos veículos de comunicação independentes

Os veículos de comunicação independentes têm um papel importante a desempenhar nesse contexto, uma vez que podem oferecer uma visão mais equilibrada e imparcial dos acontecimentos. Ao apoiar e valorizar essas iniciativas, a sociedade contribuirá para a construção de uma mídia mais plural e democrática, capaz de enfrentar os desafios da polarização e da cobertura tendenciosa.

14.5.7. A importância da diversidade na mídia

A diversidade na mídia é fundamental para garantir uma cobertura mais equilibrada e justa dos acontecimentos. Isso inclui a representação de diferentes perspectivas, opiniões e experiências, tanto no conteúdo produzido quanto na equipe de jornalistas e colaboradores. Ao ampliar as vozes e os pontos de vista apresentados, a mídia contribui para a construção de um debate público mais rico e democrático.

14.5.8. O combate à desinformação e às fake News

A desinformação e as notícias falsas (fake News) são fenômenos que têm contribuído para a polarização da mídia e a cobertura tendenciosa. É fundamental que os veículos de comunicação e os profissionais da imprensa estejam comprometidos em combater a disseminação de informações inverídicas e manipuladas, seja por meio de verificações de fatos (fact-checking) ou pela adoção de práticas jornalísticas rigorosas e transparentes.

14.5.9. A promoção do diálogo e da tolerância

Para reverter a polarização e a cobertura tendenciosa na mídia, é necessário promover o diálogo e a tolerância entre os diferentes grupos e correntes políticas. A imprensa tem um papel fundamental nesse sentido, ao estimular o debate e a reflexão sobre temas controversos, sempre com respeito às diferenças e à diversidade de opiniões.

14.5.10. A responsabilidade dos cidadãos na construção de uma mídia livre e plural

Por fim, é importante destacar que a construção de uma mídia livre, plural e imparcial depende também da postura e do engajamento dos cidadãos. É essencial que as pessoas sejam críticas e ativas na busca por informações, questionando a veracidade e a qualidade das notícias que consomem e compartilham. Além disso, é fundamental apoiar e valorizar os veículos de comunicação comprometidos com a ética, a responsabilidade e a diversidade, contribuindo para o fortalecimento de uma imprensa verdadeiramente democrática e livre de polarizações e tendências.

14.6. Fake News e a desinformação como ferramentas de ataque

14.6.1. A proliferação das fake News e desinformação

A disseminação de notícias falsas e informações distorcidas tem se tornado uma preocupação crescente no cenário político e social. As fake News e a desinformação têm sido usadas como ferramentas de ataque, prejudicando a imagem de líderes políticos, como o presidente Bolsonaro, e minando a confiança das pessoas nas instituições e na imprensa.

14.6.2. Os impactos das fake News na opinião pública

As fake News e a desinformação têm o poder de manipular a opinião pública e polarizar o debate político. Ao distorcer a realidade e disseminar informações falsas, essas práticas comprometem a qualidade do debate democrático e a formação de consensos, alimentando a divisão e o ódio entre diferentes grupos e correntes ideológicas.

14.6.3. O papel das redes sociais na propagação das fake News

As redes sociais têm sido um campo fértil para a propagação de notícias falsas e desinformação. A velocidade e o alcance das informações compartilhadas nessas plataformas facilitam a disseminação de conteúdo falso ou distorcido, muitas vezes impulsionado por interesses políticos e ideológicos. Além disso, o fenômeno das câmaras de eco (echo chambers) contribui para a polarização e a disseminação de informações errôneas, uma vez que as pessoas tendem a interagir com conteúdo e indivíduos que reforçam suas crenças e opiniões.

14.6.4. A necessidade de educação midiática e digital

Para combater as fakes News e a desinformação, é fundamental investir em educação midiática e digital. Através do desenvolvimento de habilidades críticas e de análise, os cidadãos serão capazes de discernir informações verdadeiras das falsas e evitar a propagação de conteúdo enganoso. Além disso, a educação midiática e digital pode ajudar a promover o respeito às diferenças e o diálogo construtivo no espaço público.

14.6.5. A responsabilidade das autoridades e dos veículos de comunicação

Autoridades e veículos de comunicação também têm um papel crucial no combate às fake News e à desinformação. Ao adotar práticas jornalísticas rigorosas e transparentes, e ao responsabilizar-se pela veracidade das informações disseminadas, a imprensa contribui para a construção de uma sociedade mais informada e democrática.

14.6.6. Ações de enfrentamento às fake News e à desinformação

O enfrentamento às fake News e à desinformação envolve uma série de ações, como a criação de leis e regulamentações específicas, a cooperação entre órgãos governamentais e plataformas de mídia social, e o fortalecimento de iniciativas de fact-checking. Além disso, é importante promover a conscientização e a responsabilidade dos cidadãos, incentivando-os a questionar a veracidade das informações que consomem e compartilham.

14.7. A superação das adversidades e a comunicação direta com o povo

14.7.1. A importância da comunicação direta

Em um cenário marcado pela polarização, fake News e desinformação, a comunicação direta entre líderes políticos e a população torna-se fundamental. O presidente Bolsonaro tem utilizado essa estratégia para estabelecer um canal de diálogo direto com os cidadãos, superando as adversidades e as barreiras impostas pela mídia tradicional

14.7.2. O uso das redes sociais como ferramenta de comunicação

As redes sociais têm sido uma plataforma importante para o presidente Bolsonaro se comunicar diretamente com o povo. Através de publicações, transmissões ao vivo e interações com os seguidores, o presidente compartilha informações, esclarece dúvidas e aborda temas de interesse nacional, sem intermediários ou filtros.

14.7.3. As transmissões ao vivo semanais

As transmissões ao vivo, conhecidas como "lives", têm sido uma marca do mandato do presidente Bolsonaro. Realizadas semanalmente, essas transmissões permitem que o presidente aborde temas relevantes, divulgue ações do governo e esclareça questões levantadas pela população. Além disso, as "lives" aproximam o presidente dos cidadãos, criando um espaço de diálogo e participação popular.

14.7.4. O combate à desinformação

A comunicação direta com o povo também tem sido uma estratégia para combater a desinformação e as fake News. Ao transmitir informações e esclarecimentos diretamente aos cidadãos, o presidente Bolsonaro busca garantir a veracidade das informações e evitar distorções e manipulações por parte de alguns veículos de comunicação.

14.7.5. A superação das adversidades e a resiliência política

A comunicação direta com o povo tem sido um instrumento importante para o presidente Bolsonaro superar adversidades e demonstrar resiliência política. Mesmo diante de ataques e críticas, o presidente tem mantido uma postura firme e engajada, utilizando as redes sociais e outros meios de comunicação para defender suas ideias e projetos.

14.7.6. O fortalecimento da democracia e a participação popular

A comunicação direta entre o presidente e a população também contribui para o fortalecimento da democracia e a participação popular. Ao estabelecer canais de diálogo e aproximar-se dos cidadãos, o presidente Bolsonaro incentiva o engajamento político e a participação ativa da sociedade na construção de políticas públicas e na defesa dos valores e princípios democráticos.

Capítulo 15- Luta pela Transparência nas Eleições

A democracia é um dos pilares mais importantes de uma sociedade justa e igualitária. O direito ao voto e a participação dos cidadãos na escolha de seus representantes são fundamentais para garantir a representatividade e a legitimidade do poder político. Nesse contexto, a transparência nas eleições é um aspecto crucial para assegurar a confiança do povo no processo eleitoral e na integridade das instituições democráticas.

No Brasil, o presidente Bolsonaro tem sido um defensor incansável da transparência e da integridade do processo eleitoral. Desde o início de seu mandato, ele tem trabalhado para garantir a lisura e a segurança das eleições, combatendo a fraude e a corrupção no sistema eleitoral e promovendo medidas para fortalecer a confiança do povo nas instituições.

Neste capítulo, abordaremos as principais ações e iniciativas do governo Bolsonaro em prol da transparência nas eleições, destacando seus esforços para assegurar a integridade e a lisura do processo eleitoral e a participação ativa da população na defesa da democracia.

A transparência nas eleições é um tema que tem ganhado cada vez mais destaque no cenário político brasileiro. O governo Bolsonaro tem demonstrado um compromisso inabalável com a luta pela integridade e a lisura do processo eleitoral, trabalhando para garantir que o voto dos cidadãos seja respeitado e que a vontade popular seja devidamente representada.

A adoção de medidas para fortalecer a segurança e a transparência no sistema eleitoral, como a defesa do voto impresso, representa um passo importante na busca por um processo eleitoral mais justo e confiável. Além disso, o combate à corrupção e a promoção da transparência no financiamento de campanhas são aspectos fundamentais para assegurar a integridade das eleições e a confiança dos cidadãos nas instituições democráticas.

Neste capítulo, discutiremos os avanços alcançados pelo governo Bolsonaro na luta pela transparência nas eleições e os desafios que ainda precisam ser enfrentados para garantir a integridade e a lisura do processo eleitoral. Abordaremos também a importância da educação política e do engajamento dos cidadãos na defesa da democracia, destacando o papel fundamental dos eleitores na construção de um sistema político mais justo, transparente e representativo.

A luta pela transparência nas eleições é um desafio constante e que exige a participação ativa de todos os setores
da sociedade. O governo Bolsonaro tem demonstrado sua
disposição em enfrentar esse desafio e trabalhar em prol
de um processo eleitoral mais transparente e seguro, mas
é fundamental que os cidadãos também estejam engajados
nessa luta, fiscalizando, denunciando e participando ativamente da vida política do país.

A busca por maior transparência e integridade no processo
eleitoral é uma tarefa árdua, que envolve a superação de
obstáculos e resistências de diversos setores e interesses.
No entanto, a persistência e o comprometimento do governo e da população na defesa da democracia e da lisura
das eleições são fundamentais para garantir a construção
de um futuro mais justo e igualitário para todos os brasileiros.

Neste sentido, este capítulo busca oferecer um panorama
detalhado das ações e iniciativas do governo Bolsonaro na
luta pela transparência nas eleições, destacando as conquistas e os desafios enfrentados e a importância da participação e do engajamento dos cidadãos na construção de
um processo eleitoral mais justo e representativo.

Com a análise dos tópicos apresentados, espera-se contribuir para uma compreensão mais aprofundada dos esforços do governo na busca por maior transparência nas eleições e fortalecer a crença na capacidade do Brasil de superar os desafios e construir um sistema político mais democrático, transparente e justo para todos.

15.1. A importância da integridade eleitoral para a democracia brasileira

A integridade eleitoral é um dos pilares fundamentais de uma democracia saudável e eficiente. Para que o sistema político funcione adequadamente, é essencial que as eleições sejam justas, transparentes e livres de fraudes e manipulações. A democracia brasileira, em especial, necessita de um processo eleitoral íntegro para garantir a representatividade e a legitimidade dos governantes eleitos e, assim, fortalecer as instituições e a confiança da população no sistema político.

15.1.1. A credibilidade das instituições e o respeito ao voto popular

A integridade eleitoral é essencial para a credibilidade das instituições políticas e eleitorais e para o respeito ao voto popular. Quando os cidadãos acreditam que suas escolhas nas urnas são respeitadas e que os resultados das eleições refletem a vontade da maioria, eles tendem a se sentir mais inclinados a participar do processo político e a confiar nas autoridades eleitas.

15.1.2. A prevenção de conflitos e instabilidades políticas

Um processo eleitoral transparente e íntegro também é importante para a prevenção de conflitos e instabilidades políticas. Eleições fraudulentas ou manipuladas podem gerar crises de legitimidade e contestações por parte da população e de grupos políticos insatisfeitos, levando a um clima de tensão e insegurança no país.

15.1.3. A promoção da igualdade de oportunidades e da competição política

A integridade eleitoral é fundamental para garantir a igualdade de oportunidades entre os candidatos e a competição política saudável. Quando as regras eleitorais são respeitadas e a lisura do processo é assegurada, os partidos e candidatos podem disputar o voto dos eleitores em condições mais igualitárias, fortalecendo a democracia e incentivando o surgimento de novas lideranças e propostas políticas.

15.1.4. O combate à corrupção e à impunidade

A transparência e a integridade eleitoral são elementos cruciais no combate à corrupção e à impunidade. Eleições limpas e justas reduzem as chances de que indivíduos envolvidos em práticas ilícitas alcancem cargos políticos e, consequentemente, contribuem para o fortalecimento das instituições e a promoção da ética e da moralidade no exercício da função pública.

Neste contexto, o governo Bolsonaro tem se empenhado em promover a integridade eleitoral e garantir eleições mais transparentes e justas no Brasil, buscando fortalecer a democracia e restaurar a confiança da população nas instituições políticas e eleitorais.

15.2. A defesa do voto impresso e a busca pela transparência

A defesa do voto impresso é uma das principais bandeiras do governo Bolsonaro na luta pela transparência e integridade eleitoral. O presidente e seus apoiadores defendem a adoção do voto impresso como uma forma de garantir a segurança e a confiabilidade do processo eleitoral, permitindo a recontagem e a auditoria dos votos de forma independente e eficiente.

15.2.1. A necessidade de modernização e aprimoramento do sistema eleitoral

O sistema eleitoral brasileiro, embora avançado em muitos aspectos, ainda enfrenta desafios e necessita de modernização e aprimoramento. A adoção do voto impresso é vista por muitos como um passo importante nesse sentido, já que possibilita uma maior fiscalização do processo eleitoral e contribui para aumentar a confiança da população nas eleições.

15.2.2. Experiências internacionais e a eficácia do voto impresso

Em diversos países, o voto impresso já é utilizado com sucesso e demonstra ser uma ferramenta eficaz na garantia da transparência e da integridade eleitoral. Ao analisar as experiências internacionais, é possível perceber que a adoção do voto impresso pode trazer benefícios concretos para o sistema eleitoral brasileiro, como a possibilidade de recontagem de votos e a realização de auditorias independentes.

15.2.3. A mobilização popular e o apoio à causa do voto impresso

O tema do voto impresso tem mobilizado grande parte da população brasileira, que se mostra preocupada com a integridade do processo eleitoral e deseja maior transparência nas eleições. Diversas manifestações e atos públicos em defesa do voto impresso foram realizados nos últimos anos, demonstrando o apoio popular à causa e a relevância deste tema para a democracia brasileira.

15.2.4. O enfrentamento às resistências e a busca por consenso

A defesa do voto impresso por parte do governo Bolsonaro tem enfrentado resistências por parte de alguns setores da sociedade e do próprio sistema eleitoral. No entanto, o presidente e seus apoiadores seguem trabalhando para buscar o consenso e convencer a população e os órgãos responsáveis sobre a importância e os benefícios da adoção do voto impresso como forma de garantir a integridade e a transparência das eleições.

15.2.5. A legislação e o debate no Congresso Nacional

A implementação do voto impresso no Brasil depende de alterações na legislação eleitoral e da aprovação do Congresso Nacional. O governo Bolsonaro tem atuado no sentido de apresentar propostas e discutir o tema com os parlamentares, visando alcançar um acordo que permita a implementação do voto impresso e a melhoria do sistema eleitoral como um todo.

15.2.6. A preparação para as próximas eleições e a busca pela transparência

Independente da adoção ou não do voto impresso, o governo Bolsonaro segue trabalhando para garantir a transparência e a integridade das próximas eleições.

15.2.7. A importância da fiscalização e controle social no processo eleitoral

O governo Bolsonaro e seus apoiadores têm enfatizado a importância da fiscalização e do controle social no processo eleitoral, para garantir a integridade e a transparência das eleições. Nesse sentido, a adoção do voto impresso é vista como uma ferramenta importante, que possibilita aos cidadãos e partidos políticos fiscalizarem o processo de votação e apuração dos resultados, reforçando a confiança no sistema eleitoral e na democracia brasileira.

15.2.8. A relação entre a transparência eleitoral e a governabilidade

A busca pela transparência e integridade eleitoral não é apenas uma questão de princípio, mas também tem implicações práticas na governabilidade e na estabilidade política do país. Um processo eleitoral transparente e confiável é fundamental para que os eleitos tenham a legitimidade necessária para governar e implementar suas políticas, sem que a população e os demais atores políticos questionem os resultados das eleições.

15.2.9. Os desafios para a implementação do voto impresso no Brasil

Apesar dos argumentos e da mobilização em prol do voto impresso, a implementação dessa medida no Brasil enfrenta diversos desafios, que incluem desde a necessidade de alterações na legislação eleitoral e a aprovação do Congresso Nacional, até questões técnicas e logísticas relacionadas à aquisição e manutenção das urnas eletrônicas com impressoras acopladas. O governo Bolsonaro e seus apoiadores têm se empenhado em superar esses desafios e viabilizar a adoção do voto impresso como forma de fortalecer a democracia brasileira.

15.2.10. A busca pelo equilíbrio entre inovação e segurança no processo eleitoral

A discussão sobre o voto impresso no Brasil também envolve o debate sobre o equilíbrio entre inovação e segurança no processo eleitoral. Enquanto alguns defendem a continuidade do sistema eleitoral atual, com foco na modernização e no uso de tecnologias de ponta, outros argumentam que a adoção do voto impresso é uma medida importante para garantir a segurança e a confiabilidade das eleições, independentemente das inovações tecnológicas. O desafio, portanto, é encontrar um equilíbrio que permita aliar a inovação com a segurança, garantindo um processo eleitoral transparente, íntegro e confiável para todos os brasileiros.

15.3. O papel das redes sociais e a influência das fake News nas eleições

15.3.1. A ascensão das redes sociais na comunicação política

Nos últimos anos, as redes sociais têm desempenhado um papel cada vez mais importante na comunicação política e nas campanhas eleitorais. Elas se tornaram uma ferramenta poderosa para os candidatos e partidos políticos, permitindo que eles se comuniquem diretamente com seus eleitores, disseminem suas propostas e mensagens e conquistem apoio. Nesse cenário, a luta pela transparência nas eleições também envolve o uso responsável e ético das redes sociais pelos atores políticos.

15.3.2. A disseminação de fake News e desinformação nas redes sociais

No entanto, as redes sociais também podem ser um terreno fértil para a disseminação de fake News e desinformação, com consequências negativas para a integridade do processo eleitoral e a qualidade da democracia. Durante as campanhas eleitorais, é comum que notícias falsas e informações distorcidas se espalhem rapidamente, gerando confusão e desconfiança entre os eleitores e prejudicando a imagem de candidatos e partidos.

15.3.3. A conscientização dos eleitores sobre a importância da verificação de informações

Nesse contexto, é fundamental que os eleitores estejam conscientes da importância de verificar as informações compartilhadas nas redes sociais e de buscar fontes confiáveis de informação. A educação e o senso crítico são peças-chave na luta contra a desinformação e na promoção de uma cultura de transparência e responsabilidade no uso das redes sociais.

15.3.4. A responsabilidade das plataformas de mídia social no combate à desinformação

As plataformas de mídia social também têm um papel importante a desempenhar no combate à desinformação e na promoção da transparência nas eleições. É necessário que elas adotem medidas eficazes para identificar e remover conteúdos falsos ou enganosos e para combater a propagação de fake News. Além disso, as plataformas devem ser transparentes em relação aos seus algoritmos e práticas de moderação de conteúdo, para garantir que o debate político nas redes sociais seja justo e equilibrado.

15.3.5. O envolvimento dos órgãos eleitorais e da sociedade civil na promoção da integridade eleitoral

A luta pela transparência nas eleições e pelo combate à desinformação nas redes sociais não é uma tarefa exclusiva dos eleitores e das plataformas de mídia social. Órgãos eleitorais, como o Tribunal Superior Eleitoral (TSE), e organizações da sociedade civil também têm um papel fundamental na promoção da integridade eleitoral e no monitoramento das redes sociais durante as campanhas eleitorais. A colaboração entre esses atores é essencial para garantir que as eleições sejam justas, transparentes e livres de interferências indevidas.

15.4. A fiscalização e combate à fraude eleitoral

15.4.1. A importância do combate à fraude eleitoral

O combate à fraude eleitoral é essencial para garantir a integridade e a transparência das eleições e, consequentemente, para o fortalecimento da democracia brasileira. A fraude eleitoral pode assumir diversas formas, como compra de votos, coação de eleitores, manipulação de resultados e irregularidades no financiamento de campanhas. Essas práticas ilícitas podem comprometer a legitimidade do processo eleitoral e minar a confiança dos eleitores no sistema político.

15.4.2. A atuação dos órgãos eleitorais no combate à fraude eleitoral

Os órgãos eleitorais, como o Tribunal Superior Eleitoral (TSE) e os Tribunais Regionais Eleitorais (TREs), têm um papel fundamental no combate à fraude eleitoral. Eles são responsáveis por fiscalizar e garantir a lisura do processo eleitoral, investigar denúncias de irregularidades e aplicar sanções aos responsáveis por fraudes. Além disso, esses órgãos devem promover campanhas de conscientização e capacitação para eleitores e candidatos sobre a importância da integridade eleitoral e as consequências das práticas ilícitas.

15.4.3. A participação da sociedade civil na fiscalização das eleições

A sociedade civil também tem um papel importante na fiscalização das eleições e no combate à fraude eleitoral. Organizações não governamentais e grupos de cidadãos podem atuar como observadores eleitorais, monitorando o processo eleitoral e denunciando irregularidades. Essa participação popular é essencial para garantir a transparência e a integridade das eleições, bem como para aumentar a confiança dos eleitores no sistema político.

15.4.4. A utilização de tecnologia para prevenir e identificar fraudes eleitorais

A tecnologia pode ser uma aliada importante no combate à fraude eleitoral. A adoção de sistemas eletrônicos de votação, como as urnas eletrônicas, e a implementação de mecanismos de auditoria e verificação dos resultados são medidas que podem contribuir para a transparência e a segurança do processo eleitoral. Além disso, o uso de ferramentas de inteligência artificial e análise de dados pode auxiliar na identificação de padrões suspeitos de fraude e na detecção de irregularidades no financiamento de campanhas.

15.4.5. A responsabilização dos envolvidos em fraudes eleitorais

O combate à fraude eleitoral deve ser acompanhado de uma efetiva responsabilização dos envolvidos em práticas ilícitas. Isso inclui a aplicação de sanções penais e administrativas aos responsáveis por fraudes, bem como a cassação de mandatos e inelegibilidade de candidatos que tenham se beneficiado de práticas ilegais. A punição dos envolvidos em fraudes eleitorais é fundamental para desestimular futuras condutas ilícitas e para garantir a integridade e a transparência das eleições.

15.5. Ações do governo Bolsonaro para garantir eleições justas e transparentes

15.5.1. A defesa do voto impresso

O governo Bolsonaro tem sido um dos principais defensores do voto impresso como mecanismo para aumentar a transparência e a segurança do processo eleitoral. A proposta visa adicionar uma etapa de impressão do voto na urna eletrônica, permitindo que o eleitor confirme sua escolha antes de finalizar o processo de votação. Essa medida tem como objetivo criar um registro físico do voto, que pode ser utilizado para auditorias e verificações dos resultados, garantindo maior confiabilidade nas eleições.

15.5.2. Aperfeiçoamento da legislação eleitoral

O governo Bolsonaro também tem buscado aperfeiçoar a legislação eleitoral, propondo alterações em leis e normas que regem o processo eleitoral no Brasil. Essas mudanças visam aumentar a transparência, a segurança e a integridade das eleições, bem como coibir práticas ilícitas e fraudulentas. Dentre as medidas propostas, estão o endurecimento das penalidades para crimes eleitorais e a criação de mecanismos de fiscalização e controle do financiamento de campanhas eleitorais.

15.5.3. Investimento em tecnologia e segurança da informação

O governo Bolsonaro tem enfatizado a importância do investimento em tecnologia e segurança da informação para garantir a integridade das eleições. Entre as ações adotadas, estão a atualização e a modernização das urnas eletrônicas, a implementação de sistemas de auditoria e verificação dos resultados e a capacitação dos profissionais envolvidos no processo eleitoral. Além disso, o governo tem buscado estreitar a cooperação com organismos internacionais e outros países para troca de experiências e conhecimentos na área de segurança eleitoral.

15.5.4. Campanhas de conscientização e educação política

O governo Bolsonaro tem promovido campanhas de conscientização e educação política, visando informar os eleitores sobre a importância da integridade eleitoral e os riscos das práticas ilícitas. Essas campanhas têm como objetivo estimular a participação popular no processo eleitoral e incentivar os cidadãos a fiscalizar e denunciar irregularidades. Além disso, as ações educativas buscam combater a desinformação e as fake news, que podem comprometer a lisura das eleições.

15.5.5. Articulação com o Congresso Nacional e o Poder Judiciário

O governo Bolsonaro tem buscado dialogar e articular com o Congresso Nacional e o Poder Judiciário, visando fortalecer a cooperação entre os poderes na luta pela transparência e a integridade das eleições. Essa articulação é fundamental para a aprovação de medidas legislativas que garantam eleições justas e transparentes e para o combate à fraude eleitoral por meio de ações judiciais e fiscalizações coordenadas entre os órgãos competentes.

15.6. O impacto da transparência eleitoral no fortalecimento da democracia

15.6.1. A legitimidade do poder político

A transparência eleitoral é fundamental para garantir a legitimidade do poder político em uma democracia. Eleições justas e transparentes permitem que os eleitores expressem livremente suas preferências e escolham seus representantes de maneira consciente. Dessa forma, a transparência eleitoral garante que os governantes e parlamentares eleitos sejam, de fato, representantes legítimos do povo, fortalecendo a soberania popular e a confiança nas instituições democráticas.

15.6.2. A participação cidadã e o controle social

Eleições transparentes incentivam a participação cidadã e o controle social. Quando os cidadãos percebem que suas escolhas são respeitadas e que o processo eleitoral é íntegro, eles se sentem mais motivados a participar ativamente da vida política e a exercer seu papel de fiscalização e controle das ações do Estado. A transparência eleitoral, portanto, é fundamental para a consolidação de uma cultura democrática participativa e ativa.

15.6.3. A prevenção e o combate à corrupção

A transparência eleitoral também contribui para a prevenção e o combate à corrupção. Eleições justas e transparentes dificultam a compra de votos, o uso indevido de recursos públicos em campanhas eleitorais e outras práticas ilícitas que comprometem a integridade do processo eleitoral. Além disso, a transparência eleitoral permite identificar e punir os envolvidos em irregularidades, desestimulando a corrupção e promovendo a ética na política.

15.6.4. A estabilidade política e social

A transparência eleitoral é essencial para garantir a estabilidade política e social de um país. Quando as eleições são percebidas como justas e transparentes, os resultados são mais facilmente aceitos pela população, reduzindo o risco de crises políticas e conflitos sociais. A transparência eleitoral, portanto, contribui para a manutenção da paz e da ordem social, condições indispensáveis para o desenvolvimento econômico e social de uma nação.

15.6.5. O fortalecimento das instituições democráticas

Por fim, a transparência eleitoral é crucial para o fortalecimento das instituições democráticas, como os partidos políticos, o Poder Legislativo e o Poder Judiciário. Eleições justas e transparentes garantem que essas instituições funcionem de maneira adequada e eficiente, cumprindo suas funções e responsabilidades dentro do sistema democrático. A transparência eleitoral, portanto, é um pilar fundamental para a consolidação e o aprimoramento da democracia brasileira.

Capítulo 16 - O Legado de Jair Bolsonaro: Um Novo Futuro para o Brasil

A eleição de Jair Bolsonaro como Presidente do Brasil em 2018 representou uma mudança significativa no cenário político brasileiro. Com um discurso firme e posicionamentos claros, Bolsonaro se destacou como um líder capaz de romper com as práticas corruptas e ineficientes do passado, abrindo caminho para um novo futuro baseado em valores tradicionais, eficiência governamental e desenvolvimento econômico.

Neste capítulo, abordaremos os principais aspectos do legado de Jair Bolsonaro, que vão desde as conquistas e realizações de seu governo até os desafios enfrentados e superados ao longo de sua gestão. Vamos examinar como Bolsonaro conseguiu transformar o Brasil em um país mais seguro, próspero e justo, e como seu legado continuará a impactar positivamente a vida dos brasileiros nos próximos anos.

Um dos aspectos mais notáveis do governo Bolsonaro foi a luta incansável contra a corrupção. Desde o início de sua administração, Bolsonaro se comprometeu a acabar com os esquemas de corrupção que assolavam o Brasil e a levar os envolvidos à justiça. Através da implementação de políticas de transparência e responsabilidade, bem como da promoção de uma cultura de ética e integridade, o governo Bolsonaro avançou significativamente no combate à corrupção e na recuperação de recursos desviados.

Outro marco importante do legado de Bolsonaro é a sua política econômica. Com uma abordagem liberal e comprometida com a redução do Estado, Bolsonaro conseguiu criar um ambiente favorável aos negócios e atrair investimentos estrangeiros, gerando empregos e aumentando a competitividade do país. Sob sua liderança, o Brasil experimentou uma recuperação econômica notável, abandonando os anos de recessão e estagnação.

No campo da segurança pública, o governo Bolsonaro também apresentou avanços significativos. Com uma postura firme e a implementação de políticas eficientes, Bolsonaro conseguiu reduzir os índices de criminalidade e trazer mais tranquilidade às famílias brasileiras. Além disso, o fortalecimento das forças de segurança e a cooperação internacional no combate ao crime organizado e ao tráfico de drogas foram cruciais para garantir a segurança dos cidadãos.

A educação também foi uma área de destaque durante o governo Bolsonaro. Com a implementação de políticas voltadas para a valorização dos professores, a melhoria da qualidade do ensino e o resgate dos valores e princípios fundamentais, o Brasil avançou na construção de um sistema educacional mais justo e eficiente. A luta contra a doutrinação e a ideologização nas escolas e universidades permitiu que os estudantes brasileiros tivessem acesso a uma educação plural e baseada no conhecimento.

No que diz respeito à defesa dos valores tradicionais e da família, Bolsonaro demonstrou um compromisso inabalável com a preservação dos princípios que formam a base da sociedade brasileira. Sua postura firme contra a erotização infantil e a ideologia de gênero, bem como o apoio à liberdade religiosa e a promoção de políticas públicas provida, consolidaram a imagem de um líder comprometido com a defesa dos valores morais e culturais do Brasil.

Em relação ao meio ambiente, o governo Bolsonaro adotou uma postura equilibrada entre o desenvolvimento econômico e a sustentabilidade. Com medidas que buscavam a exploração responsável dos recursos naturais e a preservação ambiental, Bolsonaro conseguiu garantir a soberania nacional e posicionar o Brasil como um ator importante no cenário internacional.

Na área de infraestrutura e investimentos, o governo Bolsonaro impulsionou o crescimento do país ao investir na ampliação da infraestrutura e na atração de investimentos nacionais e estrangeiros. Essas ações foram fundamentais para melhorar a qualidade de vida dos brasileiros, além de contribuir para a geração de empregos e o desenvolvimento econômico.

No campo da liberdade de expressão e do combate à censura, Bolsonaro enfrentou desafios significativos, mas manteve-se firme na defesa do direito à livre expressão e à imprensa. O combate à censura, à manipulação da informação e à responsabilização das plataformas de mídia social foi uma das principais bandeiras do governo Bolsonaro, contribuindo para a consolidação da democracia no Brasil.

Na luta pela transparência nas eleições, Bolsonaro defendeu a integridade do sistema eleitoral e buscou implementar medidas que garantissem eleições justas e transparentes. Embora nem todas as iniciativas tenham sido aprovadas, a busca por um processo eleitoral mais íntegro e seguro continua sendo um legado importante do governo Bolsonaro.

Em suma, o legado de Jair Bolsonaro representa um novo futuro para o Brasil, baseado em valores tradicionais, eficiência governamental e desenvolvimento econômico. Através de sua liderança e compromisso com o país, Bolsonaro foi capaz de implementar importantes mudanças e avançar na construção de uma nação mais justa, próspera e segura. O impacto de seu governo será sentido pelos brasileiros por muitos anos, moldando o futuro do país e garantindo um Brasil melhor para as próximas gerações.

16.1. Os avanços sociais e econômicos durante o governo Bolsonaro

16.1.1. A redução do desemprego e a retomada do crescimento econômico

Durante o governo Bolsonaro, houve uma significativa redução das taxas de desemprego no Brasil, resultado das políticas de incentivo ao empreendedorismo e à geração de empregos. A retomada do crescimento econômico, impulsionada pelos investimentos em infraestrutura, atração de investimentos estrangeiros e desburocratização, permitiu a criação de novas oportunidades de trabalho para os brasileiros, melhorando a qualidade de vida de milhões de pessoas.

16.1.2. O fortalecimento da educação e a valorização dos professores

O governo Bolsonaro investiu na reestruturação do sistema educacional brasileiro, com foco na valorização dos professores e na busca pela qualidade no ensino. A implementação da Base Nacional Comum Curricular e a reforma do ensino médio foram iniciativas importantes nesse sentido, permitindo a formação de cidadãos mais bem preparados para o mercado de trabalho e para a vida em sociedade.

16.1.3. A expansão dos programas sociais e o combate à pobreza

O governo Bolsonaro buscou aprimorar e expandir os programas sociais existentes, com o objetivo de reduzir a pobreza e as desigualdades no país. O Auxílio Emergencial, criado em resposta à pandemia de COVID-19, foi um exemplo de política pública eficiente e abrangente, que proporcionou alívio financeiro a milhões de brasileiros em situação de vulnerabilidade.

16.1.4. A modernização da infraestrutura e a melhoria da mobilidade urbana

O investimento em obras de infraestrutura foi uma das prioridades do governo Bolsonaro, com a construção e recuperação de estradas, portos, aeroportos e ferrovias. Essas ações contribuíram para a melhoria da mobilidade urbana e a integração entre as diversas regiões do país, facilitando o transporte de pessoas e mercadorias e impulsionando o desenvolvimento econômico.

16.1.5. A segurança pública e a redução dos índices de criminalidade

A segurança pública foi uma das áreas em que o governo Bolsonaro obteve resultados expressivos, com a redução dos índices de criminalidade e a implementação de políticas eficazes no combate ao crime organizado. A valorização dos profissionais da segurança e o investimento em tecnologia e inteligência foram fundamentais para garantir a proteção da população e a manutenção da ordem pública.

16.1.6. A saúde e o enfrentamento da pandemia de COVID-19

O governo Bolsonaro enfrentou grandes desafios no setor da saúde, especialmente em relação à pandemia de COVID-19. Porém, as ações do governo, como a estruturação do sistema de saúde, o Plano Nacional de Imunização e a busca pela inovação e pesquisa, contribuíram para o enfrentamento da crise sanitária e a proteção da população.

16.1.7. A defesa dos valores tradicionais e o resgate da identidade nacional

O governo Bolsonaro se destacou por defender os valores tradicionais e o resgate da identidade nacional, promovendo a valorização da família, da liberdade religiosa e do respeito às tradições culturais do país. A luta contra a ideologização nas escolas e universidades e a promoção de políticas públicas em prol da vida também foram marcas do governo.

16.1.8. O meio ambiente e a soberania nacional

O governo Bolsonaro buscou conciliar o desenvolvimento sustentável e a exploração responsável dos recursos naturais, garantindo a preservação do meio ambiente e o respeito à soberania nacional. A implementação de políticas públicas voltadas para a conservação da Amazônia e a participação ativa do Brasil no cenário internacional evidenciam esse compromisso.

16.1.9. A luta pela liberdade de expressão e o combate à censura

O governo Bolsonaro se empenhou na defesa da liberdade de expressão e no combate à censura, enfrentando a perseguição da imprensa e as tentativas de silenciar vozes discordantes. A promoção de uma comunicação direta com o povo e a responsabilização das plataformas de mídia social foram ações importantes nesse sentido.

16.1.10. A transparência nas eleições e o fortalecimento da democracia

A luta pela transparência nas eleições e a defesa da integridade eleitoral foram prioridades do governo Bolsonaro, com a proposição do voto impresso e o combate à fraude eleitoral. Essas ações contribuíram para o fortalecimento da democracia brasileira, garantindo eleições justas e transparentes e a representatividade do povo no processo político.

Em suma, o legado do governo Bolsonaro se traduz em avanços sociais e econômicos significativos para o Brasil. Através da implementação de políticas públicas eficientes e da defesa dos valores e tradições que compõem a identidade nacional, foi possível promover melhorias na qualidade de vida dos brasileiros, garantir a preservação do meio ambiente e fortalecer a democracia e a soberania do país.

16.2. A consolidação do bolsonarismo na política brasileira

16.2.1. A ascensão de uma nova corrente política

O governo de Jair Bolsonaro representou a ascensão de uma nova corrente política no Brasil, o bolsonarismo. Através de uma retórica nacionalista e conservadora, o bolsonarismo consolidou-se como uma força política significativa, atraindo um amplo espectro de apoiadores que se identificavam com os valores e propostas defendidos pelo presidente.

16.2.2. O engajamento popular e a mobilização nas redes sociais

A popularidade do bolsonarismo foi impulsionada pela habilidade do presidente em se comunicar diretamente com o povo, principalmente através das redes sociais. Essa estratégia permitiu que Jair Bolsonaro conquistasse um amplo público, que se mobilizou em apoio às suas propostas e iniciativas políticas.

16.2.3. A atuação de parlamentares e lideranças bolsonaristas

O bolsonarismo também se consolidou na política brasileira por meio da atuação de parlamentares e lideranças políticas alinhadas às ideias do presidente. Ao longo do governo Bolsonaro, diversos políticos adotaram a bandeira bolsonarista, contribuindo para a aprovação de projetos e reformas importantes no Congresso Nacional.

16.2.4. A influência do bolsonarismo nas eleições e governos estaduais

A consolidação do bolsonarismo na política brasileira também se refletiu nas eleições e governos estaduais. Em várias unidades da federação, candidatos que se identificavam com as propostas e valores bolsonaristas obtiveram sucesso nas urnas, assumindo posições de destaque no cenário político regional e nacional.

16.2.5. O legado do bolsonarismo para futuras gerações

A força do bolsonarismo na política brasileira deixará um legado importante para as futuras gerações. A defesa dos valores tradicionais, o fortalecimento da soberania nacional e a busca por políticas públicas eficientes são exemplos de contribuições que o bolsonarismo traz para o país. Além disso, a consolidação dessa corrente política sinaliza a diversidade do cenário político brasileiro e a capacidade de renovação do sistema democrático.

Em síntese, a consolidação do bolsonarismo na política brasileira representou a afirmação de uma nova corrente política, baseada em valores conservadores e nacionalistas. O engajamento popular, a atuação de parlamentares e lideranças políticas e a influência nas eleições e governos estaduais evidenciam a força do bolsonarismo no cenário político nacional. O legado deixado por essa corrente política terá impacto nas futuras gerações e na trajetória política do Brasil.

16.3. A inspiração para futuras lideranças conservadoras

16.3.1. A retomada do conservadorismo na política brasileira

A ascensão do bolsonarismo e a eleição de Jair Bolsonaro inspiraram uma nova geração de lideranças conservadoras no Brasil. O presidente se tornou uma referência para políticos que buscam defender valores tradicionais e princípios conservadores, incentivando o surgimento de novas lideranças que compartilham dessa mesma visão.

16.3.2. A formação de uma base política conservadora

O sucesso do bolsonarismo e a atuação de parlamentares e lideranças alinhadas a essa corrente política resultaram na formação de uma sólida base política conservadora no país. Essa base tem sido fundamental para apoiar e viabilizar as propostas do governo e fortalecer a agenda conservadora no Brasil.

16.3.3. O papel das redes sociais na formação de novas lideranças

As redes sociais desempenharam um papel importante na formação de novas lideranças conservadoras. Através da internet, muitos políticos e ativistas encontraram um espaço para divulgar suas ideias, angariar apoio e estabelecer conexões com outras lideranças e eleitores. Essa nova dinâmica tem permitido que novas vozes conservadoras ganhem destaque no cenário político brasileiro.

16.3.4. A renovação do conservadorismo e a busca por soluções inovadoras

A inspiração proporcionada pelo bolsonarismo também levou à renovação do conservadorismo no Brasil. Muitas lideranças conservadoras têm buscado soluções inovadoras e eficientes para os desafios enfrentados pelo país, mostrando que o conservadorismo não se limita a defender tradições, mas também pode ser uma força transformadora.

16.3.5. O fortalecimento da democracia e a diversidade política

A emergência de novas lideranças conservadoras no Brasil contribui para o fortalecimento da democracia e a diversidade política no país. O surgimento de políticos que representam diferentes correntes ideológicas e visões de mundo garante o pluralismo e enriquece o debate público, permitindo a construção de um sistema político mais sólido e representativo.

Em resumo, a ascensão de Jair Bolsonaro e a consolidação do bolsonarismo serviram de inspiração para futuras lideranças conservadoras no Brasil. A retomada do conservadorismo, a formação de uma base política sólida, o papel das redes sociais e a renovação do movimento conservador são aspectos que demonstram o impacto do bolsonarismo no cenário político nacional. Essa inspiração contribui para o fortalecimento da democracia e a diversidade política, garantindo um sistema mais representativo e plural.

Capítulo 17 - O Impacto Duradouro de um Líder Inesquecível

A história é feita de grandes líderes que, através de suas ações e ideais, moldam o curso dos eventos e deixam um legado duradouro para as gerações futuras. No Brasil, a figura de Jair Bolsonaro certamente se enquadra nessa categoria, marcando a história política do país com uma presença inesquecível e impactante. Neste capítulo, discutiremos o impacto duradouro de Bolsonaro e como ele transformou o Brasil e sua política, consolidando-se como uma figura emblemática e inspiradora.

Jair Bolsonaro, um ex-ministro e parlamentar com mais de duas décadas de atuação política, chegou à presidência do Brasil após uma campanha eleitoral marcada por surpresas, adversidades e uma retórica que tocou o coração de milhões de brasileiros. Seu discurso de defesa da família, dos valores tradicionais e do patriotismo, aliado a uma postura firme contra a corrupção e o crime, conquistou uma parcela significativa da população que ansiava por mudanças profundas na política nacional.

Logo após assumir o cargo, Bolsonaro colocou em prática uma série de medidas que transformaram o país em diversos aspectos, como economia, segurança, educação e política externa. Essas ações, embora controversas em alguns casos, representaram uma ruptura com paradigmas anteriores e a busca por soluções inovadoras para os problemas enfrentados pelo Brasil.

O impacto de Bolsonaro no cenário político brasileiro é inegável. Além de ter sido o catalisador de uma onda conservadora que se espalhou por todo o país, ele também promoveu uma renovação na política, trazendo novas lideranças e ideias que antes não tinham espaço no mainstream. Ao desafiar o establishment político e os interesses de grupos poderosos, Bolsonaro pavimentou o caminho para uma nova era na política brasileira, marcada pela valorização da ética, da transparência e do compromisso com o bem-estar do povo.

No entanto, a trajetória de Bolsonaro não foi isenta de desafios e adversidades. O presidente enfrentou inúmeros obstáculos ao longo de seu mandato, incluindo a oposição ferrenha de partidos políticos, a hostilidade de setores da mídia e a tentativa de desestabilização de seu governo por forças contrárias aos seus ideais. Apesar de todas as dificuldades, Bolsonaro se mostrou resiliente e determinado a levar adiante suas propostas, mantendo-se fiel aos princípios que o elegeram.

É importante também destacar o papel desempenhado por Bolsonaro na luta pela liberdade de expressão e contra a censura. Em um contexto de crescente polarização e tentativas de controle da informação, o presidente se posicionou como um defensor intransigente do direito à livre manifestação do pensamento e da diversidade de opiniões. Essa postura se reflete no fortalecimento da democracia brasileira e na garantia de que as vozes de todos os cidadãos possam ser ouvidas.

O legado de Jair Bolsonaro, sem dúvida, será lembrado como uma era de transformações e desafios, na qual um líder inesquecível enfrentou adversidades e lutou pelos ideais que acreditava serem fundamentais para o futuro do Brasil. Suas realizações e impacto na política brasileira servem como testemunho de seu compromisso com o país e seus cidadãos, bem como uma fonte de inspiração para futuras gerações de líderes e cidadãos comprometidos com o bem-estar e o progresso da nação.

A contribuição de Bolsonaro para o Brasil transcende sua atuação como chefe de Estado e líder político. Seu exemplo de determinação, coragem e resiliência se tornou um símbolo para milhões de brasileiros que, diante das adversidades, encontram nele um modelo a ser seguido. Através de seu legado, Bolsonaro prova que, com convicção e dedicação, é possível enfrentar as forças do status quo e promover mudanças significativas na sociedade.

Neste sentido, o impacto duradouro de Bolsonaro na política brasileira se manifesta não apenas através das conquistas de seu governo, mas também pelo despertar de uma consciência política e cívica em muitos cidadãos. O presidente mostrou que é possível lutar contra a corrupção, a criminalidade e a ineficiência do Estado, inspirando uma nova geração de líderes e ativistas a assumir a responsabilidade de transformar o país.

Além disso, o governo Bolsonaro trouxe à tona discussões relevantes sobre a importância da soberania nacional, a defesa dos valores e princípios da sociedade brasileira e a necessidade de respeitar as liberdades individuais. Essas questões, que permearam todo o seu mandato, servem como um lembrete de que a política deve estar a serviço do povo e não de interesses escusos ou de ideologias totalitárias.

Em suma, o legado de Jair Bolsonaro é uma história de superação, luta e comprometimento com o Brasil e seus cidadãos. A liderança inesquecível de Bolsonaro deixará marcas profundas na política nacional, inspirando futuras gerações a buscar um país mais justo, próspero e soberano. A memória de suas conquistas e desafios servirá como um exemplo para todos aqueles que acreditam na capacidade de transformação e na força dos ideais defendidos por um líder verdadeiramente comprometido com o bem-estar de seu povo e o futuro de sua nação.

17.1. A persistência de Bolsonaro diante dos desafios

17.1.1. A superação de obstáculos pessoais

Jair Bolsonaro enfrentou diversos desafios ao longo de sua vida e carreira política. Desde sua infância humilde até a sobrevivência ao atentado à faca durante sua campanha presidencial em 2018, Bolsonaro demonstrou uma incrível capacidade de superação e persistência. Essa resiliência o impulsionou a seguir adiante e a lutar por seus ideais, mesmo diante das adversidades mais extremas.

17.1.2. A luta contra a corrupção e o sistema político

Bolsonaro sempre se posicionou como um político fora do sistema, disposto a combater a corrupção e a mudar a forma como a política é conduzida no Brasil. Desde seus primeiros anos na Câmara dos Deputados, ele denunciou casos de corrupção e lutou por uma maior transparência e ética na política. Essa postura o tornou alvo de críticas e retaliações, mas também lhe rendeu o apoio de milhões de brasileiros cansados da corrupção e das práticas políticas nocivas.

17.1.3. Enfrentamento das críticas e da mídia tendenciosa

Ao longo de sua carreira, Bolsonaro enfrentou intensa oposição e críticas por parte da mídia e de seus adversários políticos. Muitas vezes, ele foi retratado de forma distorcida e injusta, sendo alvo de campanhas de difamação e desinformação. No entanto, Bolsonaro sempre se manteve firme em suas convicções e em sua luta por um Brasil melhor, utilizando as redes sociais e outros meios de comunicação para dialogar diretamente com a população e expor suas ideias e propostas.

17.1.4. A construção de uma base política sólida

Um dos maiores desafios enfrentados por Bolsonaro foi a construção de uma base política sólida e alinhada com seus ideais. Ao longo de sua carreira, ele passou por diversos partidos e enfrentou o isolamento político em várias ocasiões. No entanto, sua persistência e determinação o levaram a formar uma coalizão de apoio que lhe permitiu conquistar a presidência e implementar suas políticas e projetos.

17.1.5. O enfrentamento das crises e a busca pela estabilidade

Durante seu mandato, Bolsonaro enfrentou diversas crises, como a pandemia da COVID-19, a recessão econômica e os desafios ambientais. Em meio a essas dificuldades, ele buscou implementar políticas e medidas que garantissem a estabilidade e a recuperação do país. A persistência e a liderança de Bolsonaro foram fundamentais para enfrentar esses desafios e para colocar o Brasil no caminho do desenvolvimento sustentável e da prosperidade.

17.1.6. A defesa da soberania nacional e dos valores brasileiros

Ao longo de sua trajetória, Bolsonaro sempre defendeu a soberania nacional e os valores que caracterizam a sociedade brasileira. Ele enfrentou críticas e pressões internacionais, mas se manteve firme em sua luta.

17.2. A influência do governo Bolsonaro na política latino-americana

17.2.1. A busca por alianças estratégicas na região

Durante seu mandato, Bolsonaro trabalhou para estabelecer alianças estratégicas com outros países da América Latina, visando fortalecer a presença e a influência do Brasil na região. Além disso, ele buscou parcerias que promovessem o desenvolvimento econômico, a segurança e a cooperação em questões de interesse mútuo.

17.2.2. A luta contra o socialismo e o comunismo

Uma das principais bandeiras de Bolsonaro é a luta contra o socialismo e o comunismo, ideologias que ele considera nocivas para a América Latina. Nesse sentido, ele se posicionou de forma crítica em relação a governos e movimentos políticos de esquerda na região, como a Venezuela, Cuba e Nicarágua. O governo Bolsonaro defendeu a democracia e a liberdade na América Latina, opondo-se a regimes autoritários e totalitários.

17.2.3. O posicionamento frente à crise na Venezuela

A crise política, econômica e humanitária na Venezuela foi um dos principais temas da política externa de Bolsonaro na América Latina. O governo brasileiro condenou as ações do regime de Nicolás Maduro e apoiou a busca por uma solução democrática e pacífica para a crise. Além disso, o Brasil recebeu e auxiliou milhares de refugiados venezuelanos que buscavam melhores condições de vida.

17.2.4. A cooperação em questões de segurança e combate ao crime

O governo Bolsonaro buscou estabelecer parcerias e acordos de cooperação com países latino-americanos na área de segurança, visando combater o crime organizado, o tráfico de drogas e a violência na região. Essa abordagem colaborativa permitiu um maior compartilhamento de informações e a realização de operações conjuntas entre as forças de segurança dos países envolvidos.

17.2.5. O fortalecimento do Mercosul e a busca por novos acordos comerciais

Bolsonaro também trabalhou para fortalecer o Mercosul e promover a integração econômica entre os países

membros. Além disso, o governo brasileiro buscou estabelecer novos acordos comerciais e investimentos na América Latina, com o objetivo de impulsionar o crescimento e
a geração de empregos na região.

17.2.6. A promoção dos valores conservadores e da soberania nacional

Na política latino-americana, Bolsonaro defendeu os valores conservadores e a importância da soberania nacional.
Ele buscou inspirar outros líderes políticos da região a ado-
tarem posturas semelhantes e a lutar pelo fortalecimento
das instituições democráticas e pela proteção das tradições
culturais e religiosas.

17.3. A construção de um legado duradouro e impactante

17.3.1. A valorização da família e dos valores tradicionais

Uma das marcas do governo Bolsonaro foi a defesa e a
valorização da família e dos valores tradicionais. Ele buscou promover políticas e ações que fortalecessem a importância da família como base da sociedade e que incenti-
vassem a preservação dos valores morais e culturais do

Brasil. Dessa forma, seu legado inclui a luta pela manutenção da identidade nacional e pela preservação das tradições que caracterizam o povo brasileiro.

17.3.2. O estímulo ao empreendedorismo e à autossuficiência

Bolsonaro acreditava no poder do empreendedorismo e na capacidade do indivíduo de gerar riqueza e bem-estar por meio do trabalho e da dedicação. Assim, ele implementou políticas que estimularam o empreendedorismo e a autossuficiência, incentivando a iniciativa privada e a geração de empregos. O legado de Bolsonaro nesta área inclui a desburocratização, a redução de impostos e a criação de um ambiente favorável para o desenvolvimento dos negócios.

17.3.3. A defesa da soberania e da integridade territorial

A defesa da soberania e da integridade territorial do Brasil foi outro aspecto-chave do governo Bolsonaro. Ele se empenhou em garantir a proteção das fronteiras do país e em preservar os recursos naturais e a biodiversidade da nação. Além disso, Bolsonaro buscou fortalecer as Forças Armadas e investir na modernização das Forças de Defesa.

O resultado desse esforço é um país mais seguro e preparado para enfrentar desafios e ameaças externas.

17.3.4. A promoção da educação de qualidade e o resgate da meritocracia

A educação foi uma das prioridades do governo Bolsonaro, que buscou implementar políticas e programas voltados para a melhoria da qualidade do ensino e a valorização dos professores. Além disso, ele defendeu a meritocracia como critério para a seleção e a promoção de profissionais no setor público, incentivando a excelência e a competência como valores fundamentais. O legado de Bolsonaro na educação inclui a luta pela formação de cidadãos conscientes, críticos e comprometidos com o desenvolvimento do país.

17.3.5. A busca pela justiça e o combate à corrupção

O combate à corrupção foi um dos pilares do governo Bolsonaro, que trabalhou incansavelmente para punir os envolvidos em casos de corrupção e desvio de recursos públicos. Além disso, ele se empenhou em garantir a transparência e a responsabilização de políticos e servidores públicos. O legado de Bolsonaro nesta área inclui a criação de um ambiente político mais ético e a busca por justiça para aqueles que prejudicaram a nação por meio de práticas corruptas.

Capítulo 18 - Por que Bolsonaro é considerado o melhor presidente da história do Brasil

Neste capítulo, apresentaremos uma série de argumentos que fundamentam a opinião de muitos apoiadores do presidente Jair Bolsonaro, que o consideram como o melhor líder que o país já teve. Abordaremos temas como a valorização da família, o combate à ideologia de gênero, a luta contra o comunismo, o combate à corrupção, entre outros aspectos que destacam Bolsonaro e seu governo.

18.1. Compromisso com a segurança pública

Bolsonaro entendeu que a segurança pública é uma das maiores preocupações da população brasileira. Por isso, investiu em políticas de segurança, fortalecendo as forças policiais e combatendo a criminalidade com inteligência e tecnologia. Através do aumento do efetivo policial e da modernização dos equipamentos, conseguiu reduzir os índices de violência e trazer maior sensação de segurança para os cidadãos.

18.2. Resgate da soberania nacional

Sob o governo Bolsonaro, a defesa da soberania nacional ganhou destaque na política externa do Brasil. Ele trabalhou para proteger as fronteiras e os recursos naturais, além de fortalecer os laços diplomáticos com nações que compartilham valores e interesses semelhantes. Essas ações contribuíram para a projeção do Brasil no cenário internacional e para a defesa dos interesses nacionais.

18.3. Foco na economia e no desenvolvimento

Bolsonaro priorizou a criação de um ambiente propício ao crescimento econômico, com medidas como a redução da burocracia, a desregulamentação de setores e a atração de investimentos estrangeiros. Essas iniciativas estimularam o empreendedorismo e a iniciativa privada, promovendo o desenvolvimento do país e a geração de empregos.

18.4. Defesa dos valores e da cultura brasileira

O governo Bolsonaro se empenhou em resgatar a identidade nacional e os valores familiares, trabalhando pela preservação das tradições e da cultura brasileira. Esse compromisso se refletiu em políticas públicas e ações que valorizaram a diversidade cultural e fortaleceram a imagem do Brasil no exterior.

18.5. Combate à corrupção e à impunidade

O combate à corrupção e à impunidade foi uma das principais bandeiras do governo Bolsonaro. Ele promoveu a transparência e a responsabilização, fortalecendo órgãos de controle e investigação, além de apoiar ações anticorrupção e o combate à lavagem de dinheiro. Essas medidas contribuíram para a recuperação da confiança da população nas instituições e para a melhoria da imagem do Brasil no exterior.

18.6. Promoção da meritocracia

Bolsonaro valorizou a competência e a excelência na administração pública, promovendo a meritocracia como um princípio fundamental. Essa abordagem se traduziu em maior eficiência e qualidade nos serviços públicos, além de garantir que as melhores práticas e inovações fossem adotadas na gestão do país.

18.7. Valorização da família

O governo Bolsonaro defendeu políticas públicas que fortalecem a instituição familiar, como a promoção de valores tradicionais e a valorização do papel dos pais na educação dos filhos. Ele também atuou para garantir que as famílias tivessem acesso a programas sociais e recursos que promovessem seu bem-estar e desenvolvimento.

18.8. Combate à ideologia de gênero

Bolsonaro se opôs à imposição da ideologia de gênero nas escolas e instituições públicas, defendendo o direito dos pais de educarem seus filhos de acordo com seus valores e crenças. Ele também promoveu políticas que respeitam a diversidade de opiniões e a liberdade de expressão, buscando evitar a doutrinação ideológica nas instituições de ensino.

18.9. Luta contra o comunismo

O governo Bolsonaro se posicionou fortemente contra o comunismo e suas ideologias, defendendo a liberdade, a democracia e o estado de direito. Ele adotou medidas que buscaram conter a influência de regimes autoritários na política latino-americana e trabalho Bolsonaro, como ex-militar, compreende a importância das Forças Armadas para a segurança e a soberania do país. Ele investiu no fortalecimento das instituições militares, aumentando o orçamento e modernizando os equipamentos, além de valorizar a formação e a capacitação dos profissionais.

18.11. Investimento em infraestrutura

O governo Bolsonaro priorizou investimentos em infraestrutura, buscando melhorar a logística e o transporte no país. Foram realizadas obras de grande importância, como a construção de ferrovias, rodovias, portos e aeroportos, contribuindo para o desenvolvimento econômico e a geração de empregos.

18.12. Desburocratização e simplificação tributária

Bolsonaro promoveu a desburocratização e a simplificação tributária, com o objetivo de facilitar a vida dos cidadãos e das empresas. Essas medidas contribuíram para a redução dos custos e a atração de investimentos, estimulando o crescimento econômico e a competitividade do país.

18.13. Política ambiental equilibrada

O governo Bolsonaro adotou uma política ambiental equilibrada, buscando conciliar a preservação do meio ambiente com o desenvolvimento econômico. Foram implementadas ações de combate ao desmatamento ilegal, incentivo ao uso sustentável dos recursos naturais e promoção de energias renováveis.

18.14. Valorização do agronegócio

Bolsonaro valorizou o agronegócio como motor da economia brasileira, apoiando medidas que incentivaram a produção e a exportação de alimentos. Essas ações garantiram a segurança alimentar do país e contribuíram para a geração de emprego e renda no campo.

18.15. Fortalecimento da educação

O governo Bolsonaro investiu na melhoria da educação, com ênfase na qualidade do ensino e na formação de professores. Foram adotadas medidas que estimularam a inovação, a pesquisa e a expansão da educação a distância, contribuindo para a formação de profissionais qualificados e preparados para os desafios do século XXI.

18.16. Priorização da saúde

Bolsonaro priorizou a saúde como um dos pilares do seu governo, investindo na melhoria da qualidade e da eficiência do sistema público de saúde. Ele também enfrentou a pandemia da COVID-19 com determinação, adotando medidas de prevenção, controle e tratamento da doença, além de investir na vacinação em massa da população.

18.17. Combate ao tráfico de drogas

O governo Bolsonaro intensificou o combate ao tráfico de drogas, aumentando a fiscalização nas fronteiras e fortalecendo a cooperação com outros países. Essas ações ajudaram a desarticular organizações criminosas e a reduzir a oferta de drogas no território nacional, melhorando a segurança e a qualidade de vida dos brasileiros.

18.18. Promoção da integração regional

Bolsonaro promoveu a integração regional e o fortalecimento das relações entre os países da América Latina. Ele trabalhou para aprofundar a cooperação econômica, política e cultural com os vizinhos, contribuindo para a estabilidade e o desenvolvimento da região.

18.19. Estímulo ao turismo

O governo Bolsonaro investiu no fomento ao turismo, reconhecendo o potencial dessa atividade para a geração de empregos e a promoção da cultura brasileira. Foram adotadas medidas que facilitaram a entrada de turistas estrangeiros e incentivaram o turismo interno, contribuindo para o crescimento do setor.

18.20. Empoderamento das mulheres e a igualdade de gênero

Bolsonaro trabalhou para promover a igualdade de gênero e o empoderamento das mulheres, com políticas públicas voltadas para a promoção da igualdade de oportunidades no mercado de trabalho e na sociedade. Ele também combateu a violência contra a mulher e apoiou ações de conscientização e de prevenção a esse tipo de crime.

Esses 20 quesitos demonstram as conquistas e os avanços promovidos pelo governo Bolsonaro, que se empenhou em enfrentar os desafios do Brasil com determinação e coragem. O legado de seu governo evidencia seu compromisso com a transformação do país e a melhoria da qualidade de vida de todos os brasileiros.

Epílogo

A História de Um Líder Que Jamais Será Esquecida

Ao longo das páginas deste livro, acompanhamos a trajetória inspiradora e inesquecível de Jair Messias Bolsonaro, o homem que, contra todas as adversidades, se tornou o presidente que mudou o rumo do Brasil. Desde seus primeiros passos na vida política até os desafios e conquistas em seu mandato presidencial, Bolsonaro se consolidou como um líder comprometido com os valores tradicionais e com o bem-estar do povo brasileiro.

A história de Bolsonaro é, antes de tudo, uma história de superação. Um homem que, mesmo diante das críticas e da desconfiança, nunca desistiu de lutar pelo que acreditava. Sua dedicação à família, à liberdade de expressão, ao combate à corrupção e ao comunismo, e sua determinação em construir um Brasil mais justo e próspero são exemplos que inspiram não apenas os brasileiros, mas também pessoas ao redor do mundo que buscam liderança e coragem para enfrentar os desafios da vida.

O legado de Bolsonaro vai muito além dos feitos políticos e econômicos alcançados durante seu governo. Sua postura firme e destemida diante das adversidades e obstáculos reforça a importância da resiliência e da determinação na luta por um futuro melhor. A história de Jair Messias Bolsonaro nos ensina que, mesmo diante das circunstâncias mais difíceis, é possível fazer a diferença e transformar a realidade de um país.

É fundamental que a história do presidente Bolsonaro seja preservada e compartilhada com as futuras gerações, para que elas possam entender a importância de se ter líderes comprometidos com o bem comum e a defesa dos valores que nos são mais caros. A trajetória de Bolsonaro serve como um farol para aqueles que desejam seguir seus passos e enfrentar os desafios que a política e a vida impõem.

Neste epílogo, concluímos nossa jornada pela vida e obra de Jair Messias Bolsonaro com a certeza de que sua história jamais será apagada. O impacto emocional e transformador de sua liderança é uma lição valiosa, que nos inspira a refletir sobre nossos próprios valores e crenças, e nos encoraja a lutar por um mundo mais justo, livre e próspero.

Que o legado de Bolsonaro continue ecoando pelos corredores do tempo, servindo como exemplo de coragem e determinação para as gerações futuras. Que sua história seja um lembrete constante de que a verdadeira liderança nasce da convicção, do amor ao próximo e da vontade de enfrentar os desafios em prol de um bem maior.

E assim, concluímos esta obra com um sentimento de gratidão e admiração por um líder que deixou sua marca indelével na história do Brasil. Que o exemplo de Jair Messias Bolsonaro continue a inspirar e a guiar todos aqueles que buscam fazer a diferença em um mundo cada vez mais complexo e desafiador.

Bibliografia

1. Ministério da Saúde - Informações sobre a pandemia de COVID-19 e ações do governo (https://www.gov.br/saude/pt-br)
2. Ministério da Economia - Informações sobre políticas econômicas e medidas adotadas pelo governo (https://www.gov.br/economia/pt-br)
3. Congresso Nacional - Documentos e informações sobre leis e projetos relacionados ao governo Bolsonaro (https://www.congressonacional.leg.br/)
4. Supremo Tribunal Federal - Decisões e informações relacionadas a casos envolvendo o governo Bolsonaro (https://www.stf.jus.br/)
5. Instituto Brasileiro de Geografia e Estatística (IBGE) - Dados e estatísticas sobre a economia e a população do Brasil (https://www.ibge.gov.br/)
6. Agência Brasil - Notícias e informações sobre o governo e a política nacional (https://agenciabrasil.ebc.com.br/)
7. Câmara dos Deputados - Informações sobre a atuação dos parlamentares e projetos relacionados ao governo Bolsonaro (https://www.camara.leg.br/)

8. Senado Federal - Informações sobre a atuação dos senadores e projetos relacionados ao governo Bolsonaro (https://www.senado.leg.br/)

9. Planalto - Portal oficial da Presidência da República, com informações e notícias sobre o governo Bolsonaro (https://www.gov.br/planalto/)

Glossário

1. Amazônia: Região localizada no norte da América do Sul, abrangendo parte do território de nove países, incluindo o Brasil. A Amazônia brasileira é rica em biodiversidade e é considerada uma das áreas de maior importância para a preservação do meio ambiente e o equilíbrio climático global.

2. Auxílio Emergencial: Benefício financeiro concedido pelo governo brasileiro em resposta à crise econômica causada pela pandemia de COVID-19, com o objetivo de fornecer suporte financeiro temporário às famílias de baixa renda e trabalhadores informais.

3. Bolsonarismo: Movimento político e ideológico liderado pelo presidente Jair Bolsonaro e seus apoiadores, que defendem valores conservadores, a valorização da família, o combate à corrupção, e uma política de segurança pública mais rígida.

4. BRICS: Acrônimo utilizado para se referir aos cinco países emergentes – Brasil, Rússia, Índia, China e África do Sul – que se destacam por seu rápido crescimento econômico e influência política crescente no cenário global.

5. Comunismo: Ideologia política e social baseada na abolição da propriedade privada e na busca pela igualdade social e econômica, geralmente associada aos regimes autoritários liderados por partidos comunistas.

6. Conservadorismo: Ideologia política que defende a preservação das tradições, das instituições e dos valores culturais e morais, em oposição às mudanças rápidas e radicais.

7. COVID-19: Doença causada pelo novo coronavírus (SARS-CoV-2), que se espalhou por todo o mundo a partir de dezembro de 2019, causando uma pandemia global com impactos significativos na saúde pública, na economia e na vida cotidiana das pessoas.

8. Desinformação: A disseminação de informações falsas ou enganosas, geralmente com a intenção de influenciar a opinião pública, manipular percepções ou causar confusão e divisão.

9. Fake News: Notícias falsas ou distorcidas, geralmente divulgadas com o objetivo de enganar, manipular ou difamar alguém ou algum grupo.

10. Ideologia de Gênero: Termo controverso utilizado por alguns críticos para se referir à noção de que a

identidade de gênero é uma construção social e não determinada pelo sexo biológico, sendo frequentemente empregado em debates políticos e culturais sobre questões relacionadas à igualdade de gênero e aos direitos LGBTQIA+.

11. Lava Jato: Operação da Polícia Federal brasileira iniciada em 2014 com o objetivo de investigar e combater a corrupção, lavagem de dinheiro e outros crimes relacionados a contratos públicos, envolvendo políticos, empresários e funcionários públicos. A operação teve um impacto significativo na política brasileira e contribuiu para a ascensão de Jair Bolsonaro à presidência.

12. Liberdade de Expressão: Direito fundamental de expressar opiniões, ideias e informações sem censura ou restrições por parte do governo ou de outros órgãos

13. Mercosul: Bloco econômico formado por Argentina, Brasil, Paraguai e Uruguai, com o objetivo de promover a integração econômica e política entre os países membros, incluindo a livre circulação de bens, serviços e pessoas, e a adoção de políticas econômicas comuns.

14. Operação Carne Fraca: Operação da Polícia Federal brasileira iniciada em 2017 para investigar fraudes e corrupção no setor de produção de carnes no Brasil, envolvendo funcionários públicos e empresas do ramo alimentício.

15. Pandemia: Epidemia de doença infecciosa que se espalha rapidamente por diferentes regiões geográficas, afetando um grande número de pessoas e causando impactos significativos na saúde pública, economia e sociedade.

16. Plano Nacional de Imunização (PNI): Programa governamental brasileiro responsável pela distribuição e aplicação de vacinas no país, incluindo a coordenação das campanhas de vacinação em massa e a garantia do acesso às vacinas para toda a população.

17. Privatização: Processo de transferência de empresas e serviços públicos para o setor privado, com o objetivo de aumentar a eficiência, reduzir custos e estimular a concorrência.

18. Transparência Eleitoral: Princípio fundamental que garante a integridade e a confiabilidade do processo eleitoral, incluindo a garantia de eleições justas, livres e transparentes, a participação igualitária dos

candidatos e partidos políticos, e o acesso à informação sobre o processo eleitoral e seus resultados.

19. Voto Impresso: Sistema de votação que inclui a emissão de um comprovante físico do voto, permitindo a auditoria e a recontagem dos votos em caso de suspeitas de fraude ou erros no processo eleitoral.

20. Zona Franca de Manaus: Área de livre comércio localizada na cidade de Manaus, capital do estado do Amazonas, criada com o objetivo de promover o desenvolvimento econômico e social da região amazônica, através da atração de investimentos e da geração de empregos.

21. Desburocratização: Processo de simplificação e eliminação de burocracia, com o objetivo de tornar os processos administrativos e governamentais mais ágeis, eficientes e acessíveis para a população e para as empresas.

22. Soberania Nacional: Princípio fundamental que estabelece a autoridade e a independência de um país em relação a outros Estados, incluindo o direito de governar e tomar decisões políticas, econômicas e sociais sem interferências externas.

23. Valorização da Família: Política e ideologia que prioriza a importância da família como instituição fundamental para a sociedade, promovendo políticas públicas e ações que fortaleçam os laços familiares e a educação das crianças e adolescentes no âmbito familiar.

24. Combate ao Comunismo: Luta ideológica e política contra o comunismo, que defende a implantação de um sistema econômico, político e social baseado na propriedade coletiva dos meios de produção e na abolição das classes sociais. O combate ao comunismo é uma das bandeiras do governo Bolsonaro e de seus apoiadores.

25. Desarmamento: Política de controle e restrição do acesso a armas de fogo por parte da população, com o objetivo de reduzir a violência e a criminalidade. O governo Bolsonaro se opõe às políticas de desarmamento e defende o direito ao porte e posse de armas de fogo como forma de garantir a segurança e a liberdade dos cidadãos.

26. Educação Domiciliar: Prática educacional na qual os pais ou responsáveis assumem a responsabilidade direta pela educação de seus filhos, em vez de matriculá-los em uma escola formal. O governo

Bolsonaro defende a legalização e a regulamentação da educação domiciliar como uma opção para as famílias que desejam ter maior controle sobre a educação de seus filhos.

27. Fake News: Notícias falsas ou informações deliberadamente enganosas, geralmente criadas e disseminadas com o objetivo de influenciar a opinião pública, prejudicar a reputação de pessoas ou instituições ou promover ideologias e agendas políticas específicas.

28. Forças Armadas: Conjunto das instituições militares de um país, responsáveis pela defesa da soberania nacional, da integridade territorial e da ordem interna, incluindo o Exército, a Marinha e a Aeronáutica.

Sobre o Autor

Edilson Barros é um teólogo com diversas obras publicadas no campo teológico, que ao longo de sua trajetória desenvolveu um profundo interesse pela política brasileira. Identificando-se com as bandeiras defendidas pelo ex-presidente Jair Messias Bolsonaro, Edilson Barros se dedicou a estudar e analisar a trajetória e as realizações do governo Bolsonaro, buscando revelar verdades que, segundo ele, não podem ser escondidas.

Sem formação política, mas com uma sólida formação acadêmica em teologia e experiência no estudo e pesquisa da política nacional, Edilson Barros utiliza sua perspectiva única para examinar os eventos históricos e as ações políticas do governo Bolsonaro. Em suas obras, Edilson Barros busca apresentar análises equilibradas e bem fundamentadas, contribuindo para um debate saudável e uma compreensão mais profunda dos acontecimentos políticos no Brasil.

Neste livro, Edilson Barros se propõe a oferecer uma visão abrangente e detalhada do mandato de Jair Messias Bolsonaro, destacando as conquistas e desafios enfrentados por seu governo. Sua preocupação com a preservação do legado de Bolsonaro e a necessidade de resgatar a verdade sobre seu governo o levaram a escrever esta obra, que visa servir como um documento histórico para as futuras gerações de brasileiros.

Outras obras do autor:

Os Segredos dos Salmos:

"Os Segredos dos Salmos: Como conquistar vitórias com os salmos mais poderosos da Bíblia" (2023, Uiclap)

Sinopse: "Os segredos dos Salmos: Como conquistar vitórias com os salmos mais poderosos da Bíblia", de Dil Barros, é um livro que visa desvendar os tesouros ocultos neste conjunto de orações e cânticos milenares, revelando a você a força transformadora dos Salmos e seu poder de cura, libertação e renovação.

Ao longo de seus capítulos, você encontrará uma análise profunda e envolvente dos diferentes temas e características dos Salmos, tais como louvor, adoração, arrependimento, gratidão e muitos outros. Cada seção é repleta de versículos bíblicos e citações de autores renomados, que irão enriquecer sua compreensão e ampliar sua perspectiva espiritual.

As Bem-Aventuranças:

"As Bem-Aventuranças: Desvendando os Segredos da Felicidade Plena " (2023, Uiclap)

Sinopse: As bem-aventuranças, proferidas por Jesus no Sermão da Montanha, são consideradas por muitos como a essência de seus ensinamentos e a chave para uma vida plena e feliz. Este livro, "Bem-Aventuranças: Desvendando os Segredos da Felicidade Plena", foi escrito por Edilson Barros com o propósito de explorar a profundidade e a sabedoria contida nessas palavras inspiradoras e oferecer aos leitores uma compreensão clara e prática de como aplicar esses princípios em suas vidas diárias.

Ao longo dos 20 capítulos deste livro, mergulharemos em cada uma das bem-aventuranças, analisando seu significado, contexto e aplicação prática. Através de uma abordagem baseada em pesquisa e reflexão pessoal, este livro busca proporcionar aos leitores uma experiência enriquecedora e transformadora.

Deus Proverá:

"Deus Proverá: Abraão e o Milagre da Provisão Divina" (2023, Uiclap)

Sinopse: Não há como negar que a história de Abraão é uma das mais importantes da Bíblia. Sua fé, obediência e confiança em Deus o tornaram uma inspiração para a humanidade, atravessando gerações e culturas. A vida de Abraão é um testemunho de como a fé pode nos sustentar em momentos de incerteza, dor e dificuldades.

Neste livro, seguimos a jornada de Abraão, desde sua chamada por Deus em Ur até sua morte em Hebrom. Conhecemos seus triunfos e suas lutas, sua fidelidade e seus erros. Mas, acima de tudo, conhecemos a força de sua fé e como ela o guiou em cada passo de sua jornada.

Ao longo das páginas deste livro, somos lembrados de que a fé em Deus é uma escolha diária, uma batalha constante contra nossas dúvidas e medos. Mas, assim como Abraão, podemos confiar no amor e na providência divina, sabendo que Ele está sempre presente e pronto para nos guiar.

Contatos do autor:

Você, leitor apaixonado pela palavra, pela fé e pelo amor de Deus, interessado em aprofundar seu conhecimento, não pode deixar de conferir as obras publicadas por Edilson Barros. Através de suas análises perspicazes e abordagem única, cada livro proporciona uma compreensão mais ampla e profunda dos temas relacionados à fé e ao amor divino.

Ao adquirir suas obras, você investirá em seu próprio crescimento espiritual e intelectual.

Convidamos você a acompanhar Edilson Barros em seu site: https://editora.db.blog.br, onde encontrará ainda mais conteúdo relevante, artigos e reflexões que certamente enriquecerão sua jornada de aprendizado.

www.ingramcontent.com/pod-product-compliance
Lightning Source LLC
Chambersburg PA
CBHW051246250726
48656CB00004B/1147